教養としての仏教入門／目次

インテルメッツォ 仏教FAQ（よく聞かれる質問） 133

第四章 仏教の歴史と日本の宗派 147

DTP　美創

第一章 「無宗教」の中の仏教

日本の文化でもある仏教

日本人は文化論的には「仏教徒」と呼んでいいのではないかと思う。

もちろんこういう言い方には但し書きが必要だ。日本にはキリスト教徒やイスラム教徒や新宗教の信者が大勢いる。多くの日本人は仏教の檀家《だんか》と神道の氏子を兼ねているが、「ウチは神道のみです」という方も多い。そういう方々を排除するつもりはさらさらない。

私が言おうとしているのは、多くの日本人が「無宗教」をもって任じているにもかかわらず、文化的には仏教の圧倒的影響下にある、ということである。

日本土着の宗教としての神道の影響は大きい。しかし本書では仏教に焦点を当てた。仏教は教理が発達しているということ、また仏教には国際的な広がりがあるということ、そして神道もまた実は仏教との絡みの中で教理をつくり上げてきたということがあるからである。

宗教と言えば、一般に、「信じる」「信じない」と二律背反的に受け止められがちだ。しかし、宗教学の捉え方はもう少し融通の利くものである。一口に「宗教」と言っても、教団組織に意識的に加入するレベルから、文化的な習俗として受け入れているレベルまで多様な層があり、人と宗教とのかかわりに関しては、信じているとか信じていないとか、そう簡単に白黒つけられるものではないからだ。意識的なものから無意識的なものまで、はっきりしたものから漠然としたものまでの全体が、宗教学でいう「宗教」なのである。

だから「○○教徒」にも、教団から文化までいろいろなレベルがある。そういう意味で、日本人を大ざっぱに「仏教徒」として捉えることも可能になる。

今日の日本人の多くはたしかに仏教の教理をあまりよく理解していない。それでも文化的に仏教との親和性が高い。たぶん圧倒的に高い。

大多数の人が葬式を仏式で挙げる。お彼岸の墓参りを欠かさず行なっている人も多い。「贖《しょく》罪《ざい》（人類の罪を背負ったというキリストの救いのわざ）」のことを耳にしても何の話だか全然分からない人でも、『平家物語』に出てくる「諸行無常（あらゆるものは移ろいゆく）」だったらなんとなく分かるだろう。

観光客としてバルセロナのサグラダ・ファミリア大聖堂に憧れたり、バチカンのサン・ピエトロ大聖堂の壮麗さにおったまげたりしながら、もう一つ精神的なものを求めるとなると、京都や奈良の古寺の仏像をボーッと眺め、写経や坐《ざ》禅《ぜん》の真似事でもやってみたいと思う人は多い。実際、あちこちのカルチャースクールでも、写経、坐禅、仏像鑑賞、歎異抄講読といった仏教系のレクチャーの人気は高いのである。

どの国でも人々の宗教意識は曖昧

他の国の宗教信者が一般の日本人などよりももっと本格的な意味で信仰をもっているように思われることも確かだ。

しかし「本格的」というのも、観点の問題である。信仰に忠実そうに見えるイスラム教徒でさえ、必ずしもコーランを読んでいないし、アジア各地のさまざまな習俗とごっちゃにした形でイスラムの教えを実践していると言われる。

キリスト教となると、もっとあやふやな状況である。

一〇年ほど前に『ダ・ヴィンチ・コード』という映画がヒットした。ここにはレオナルド・ダ・ヴィンチの暗号のみならず、キリストと「マグダラのマリア」の子の血を引く者が出てきたり、中世の聖杯伝説が出てきたりと、話としてはすごくおもしろい。しかしあくまでこれはファンタジーであり、キリスト教の教理や歴史にまじめなかかわりがあるようなものではない。

この映画が欧米で人気を博したのは、もちろん欧米人が文化的にキリスト教徒であるからだ。なるほど欧米人はクリスチャンだ。日本ではこうは行かない。

しかし彼らの関心はかなりミーハーなものであって、キリスト教の歴史や教理についてはあまりよく分からなくなっているのではないか……ということが、かえってこのブームから透けて見えたものである。

なんせマグダラのマリアというのは、キリスト教の思想にとっては傍系のエピソードにすぎない。聖書にマグダラのマリアなる女性についてちょっとだけ言及されているが、『ダ・ヴィンチ・コード』のような文芸作品に現れる「マグダラのマリア」は、それとは別のファンタジー的存在だ。聖書の中に登場する何人かの女性——その中には娼婦らしき人物もいる——を合成することによってつくられた、淫靡《いんび》な想像力の産物である。

他国の文化を見る視線と地元の文化を見る視線とは異なるものである。イスラムの巡礼月にメッカに数百万人の巡礼が押し寄せるのをニュースで見ると「おおおっ」と思うが、正月の神社や仏閣に集まる数百万の参詣客の報道を見た外国人もまた「おおおっ」と思う。以前私は新聞で、あるインド人のビジネスマンがまさしくこの元日の参詣者の多さを見て「日本人はなんと信仰熱心なんだろう！」と感激して寄稿した文を読んだことがある。

日本人がやたらとしゃちこばってお辞儀をして歩くのも、外国人の目には宗教精神の体現のように見える。日本人が大災害に遭っても諸国民に比べて平静さを保っているのも、「禅の極意か」ということになる。それでいて、当の日本人は「自分は無宗教だ」と思っているのである。

ここには認識のギャップがありそうだ。

観点や程度の問題は、とりあえず脇に置いておこう。日本人が仏教についての認識を高めておくことにはメリットがある。

日本人が宗教を意識するようになるキッカケの一つとして、今日、移民問題やテロ問題を通じて新聞の国際面をにぎわしているイスラム教のことを知りたいという思いがある。しかし、宗教に関して頭が空白であるような状態の中で、いきなり異文化圏の宗教のことを知ろうと思ってもなかなかうまく行かない。カルチャーショックをもろに被って、「宗教はよう分からん」という感想をもつのがオチである。

もう少し手順を踏む必要がある。まずはどこかで耳にしたことのある仏教の教えを再確認した上で、さらに新たな未知の宗教の探索へと向かったほうが、理解が容易になるのではないだろうか。他者の文化を理解するには、自分の背景をなす文化の理解が先決だ。これを金科玉条とするわけにはいかないが、一般方針として妥当ではないかと思うのである。

日本人の死後の世界は「天国」？

宗教と言えば、死後に人間はどうなるかが多くの人にとっての主要な関心事である。無宗教の日本人も、葬式のときだけは神妙にしている。「葬式仏教」という言葉が示しているように、日本仏教の今日の姿は葬式へと集約されている。

興味深いことに、テレビのニュースも新聞の記事も、人の死について触れるときには「天国に行った」「天国で見守っている」という言い方をよくする。先日も、ある有名人の娘さんが亡くなって何年になるという記事のタイトルに、この表現が使われていた。

日本人は歴史的に仏教の影響下にあるはずなのに、どうしてここで「天国」が出てくるのだろうか。天国は建前からするとキリスト教徒の向かう来世である。

マスコミが日本人をクリスチャンに見立てているわけではないだろう。たぶんこれは宗教色をとった、マスコミとしては無難な、文学的な表現なのだ。そして伝統的な輪廻《りんね》でも極楽でもなく、外来の天国を持ち出しても平気という無頓着さは、むしろ日本仏教の伝統と縁が深い。

説明しよう。

まず、伝統的な日本人にとっての死後の世界は、かなり多様である。神道では死者は黄泉《よみ》の国に行くというのが建前だが、民俗学者の柳田國男によれば、昔の日本人の多くは村の裏山あたりの「先祖の国」に帰っていくというイメージを抱いていたという。

仏教では輪廻転生するのが大前提であるが、浄土宗や浄土真宗などでは、信徒は極楽浄土と呼ばれるユートピアに行くことを願う。いわゆる往生である。

このようにビジョンが多様であるならば、マスコミとしては、死後について一般的に当たり障りなく語るにはどうしたらいいか迷ってしまうだろう。テレビ番組で「極楽に行った○○さん」と言ってしまうと、はっきりと浄土系の宗派に肩入れしたことになる。宗教的に無党派でありたいマスコミとしては、それはまずい。

だから西洋由来の天国が引っ張り出されるのだ。

天国ならキリスト教に肩入れしたことになるのではないか？　という心配は無用である。日本においてキリスト教徒は圧倒的少数派だからだ。大半の人にとって天国というのはまじめな思索の対象となるものではなく、西洋人が小説や歌や映画の中で語っているロマンティックな楽園のイメージ以上のものではない。

日本人はクリスチャンではなくても、「かっこいい」「きれい」「ロマンティック」という理由から、結婚式を教会で——できればリゾートホテル付属のチャペルで——挙げるのがふつうになった。以前ならば神前結婚で三々九度の盃をかわしたところであるが、今は外国人牧師さんが英語・日本語をチャンポンしながら祝福する中、マリッジリングを交換する。結婚式も死後の世界も、現代日本人のイメージ世界は往年の少女漫画の趣味に近づいてきているのである。

というわけで、新聞やテレビが死後に人々を天国に送り込むのは、それが無難なレトリックだからである。キリスト教とは縁遠いからこそ、この言葉を気楽に使うことができるのだ。

そしてこの死後に関する無頓着ぶりの背後には、実は仏教の伝統がひかえている。

仏教の建前では、人間は死後に輪廻転生したり極楽往生したりする。しかし、この教理は伝統的にかなり相対化されている。詳しい説明はあとに回したいと思うが、日本仏教徒は死後についてのファンタジーにかまけるよりも、「今・ここ」で悟りや安心を得たりすることのほうに力点を置いてきた。仏教の教理がそういう人生観を推進してきたのである。

安らかに死ぬことを「成仏する（＝ブッダになる！）」と言うのも、そうした人生観の産物である。

『銀河鉄道の夜』の来世観はキリスト教？　仏教？

結婚式や死後の世界におけるキリスト教的イメージの浸透というと、私が思い出すのは、宮沢賢治の畢生《ひっせい》の大作にして国民的童話である『銀河鉄道の夜』だ。というのは、作者の賢治はかなり入れ込んだ日蓮宗の仏教徒であるにもかかわらず、この作品世界の宗教的モチーフは極めてキリスト教的になっているからだ。

ジョバンニは銀河鉄道列車に乗って北十字（白鳥座）の付近から南十字（南十字座）のあたりまで行っている（天空の十字架が二個出てくるわけだ！）。そして車中の人々は賛美歌を歌う。

この物語では、ジョバンニとカムパネルラという二人の少年が銀河の列車で旅をする。このモチーフのインパクトは強烈で、以来、日本人は銀河というと汽車旅を思い出し、汽車旅というと銀河を思い出すようになったほどである。「銀河＋汽車」のモチーフについて語るだけでこの童話の九〇パーセントを語ったことになるだろう。

しかし、この物語にはもう一つ重要な要素がある。カムパネルラは死者なのである。汽車旅のビジョンを見終えてから、ジョバンニは親友が死んだことを知らされる。カムパネルラは祭りの夜の川遊びで、舟から落ちた友人を助けて死んでしまった。そのカムパネルラが夢枕に立つ死者のようにジョバンニの夢の中に現れたのだ。

では、この物語で賢治が示す来世とはどのようなものなのだろうか。

銀河鉄道列車には死者を来世に送り込む働きがあるらしい。列車には三人連れのクリスチャン（少女とその弟と青年家庭教師）が登場する。クリスチャン一行はサウザンクロス（南十字座）駅で降り、そこで神々しい存在に迎えられる。つまりここがクリスチャンの向かう「天上」である。

このシーンは読者に強い印象を与える。誰が読んでも、賢治はキリスト教的な来世観を描こうとしていたと思うに違いない。

しかし、それにもかかわらず、宗教学者や仏教学者の多くは、むしろこの作品が作者自身の信仰する仏教、とくに法華経の来世観を表すものだと考えている。

なぜそう考えられるのだろうか。そして一般読者の印象とのギャップはどう説明されるのだろうか。

地上のユートピア化と輪廻

ここを語り出すと長くなるので、詳しい話は本書の最後に添えた付論に回したい。要点だけを言おう。

賢治自身は熱心な法華経信者として、いちおう建前通りの輪廻の世界観を受け入れている。このあたりは平均的な日本人よりもずっと「原理主義」的であると言っていい。

そしてこの輪廻の思想にとって重要なのは、何か善行を積んで「天上」のような上がりに達することではなく、何度でも地上に戻ってきて地上を浄土化するように頑張ることである。ジョバンニはしきりに「どこまでもどこまでも」行こう、「ほんたうのさいはひ」を探そうと力説している。

カムパネルラもクリスチャン一行も今生で善行を果たしている。だからそれぞれの「天上」に向かう。それぞれが別の天上に向かうというのは、はっきり言ってキリスト教的ではない（キリスト教では天国は一種類しかない）。これはむしろ輪廻的である。輪廻空間では、ひとりひとりは別々の来世を迎えるからである。

しかも賢治の信仰からすれば、各自の向かう「天上」というのは主観的な幻のようなものだ。人間は再び地上に舞い戻って、地上の浄土化のために「どこまでもどこまでも」努力するとい

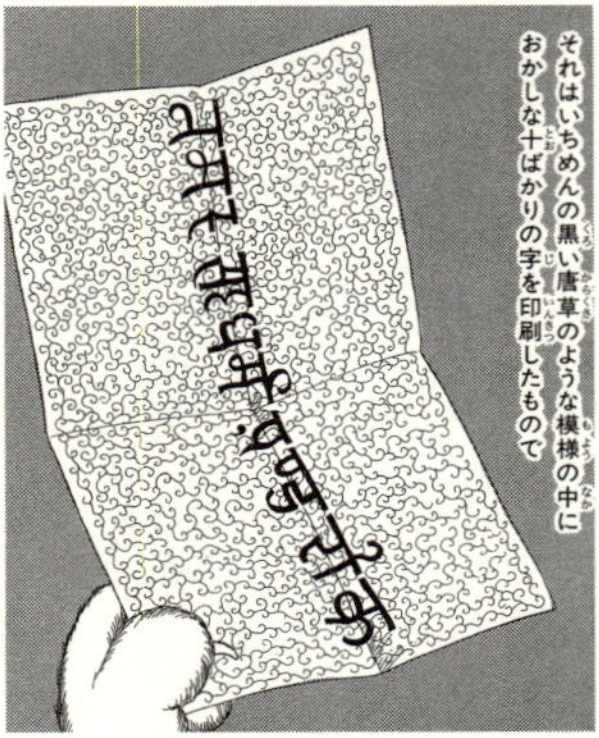

ますむらひろし『銀河鉄道の夜』（扶桑社文庫）「初期形（ブルカニロ博士篇）」に描かれたジョバンニの切符

うのが正解である。だからジョバンニは、クリスチャン一行に対して、彼らの「天上」は間違っていると主張するのである（このシーンは杉井ギサブロー監督の有名なアニメの『銀河鉄道の夜』では省かれている）。

検札のときジョバンニの切符を覗き込んだ乗客は、彼が「どこでも勝手にあるける」切符をもっていることに驚嘆している。この切符はかなり大きなものであり、唐草模様があり、奇妙な文字が十個ほど記されている。仏教関係者は、これを日蓮宗が究極の秘法として重視する大曼茶羅《まんだら》本尊と呼ばれる図画になぞらえたものではないかと想像している。これはキリスト教で言えば、十字架や、日曜ごとの聖餐式《せいさんしき》（ミサ）でいただく聖化されたパンとワインなどに相当するもので、言うなれば霊界の扉を開くマジカルな切符である。

大曼茶羅本尊には「南無妙法蓮華経」と書かれているが、アニメの『銀河鉄道の夜』に原画を提供した漫画家のますむらひろしは、自身の漫画作品の中で、切符に梵字で「ナマッサッダルマプンダリーカ」と書き入れた。これは「ナマッ（南無）サッ（妙）ダルマ（法）プンダリーカ（蓮華）スートラーヤ（経）」の最後の部分を略したものだ。

筆者もこの判断は妥当なのではないかと思う。

日本人の中に生き続けている仏教

『銀河鉄道の夜』の来世観をめぐる曖昧さあるいは錯綜性は、近代以降の日本人の想像力の中に占めている仏教、あるいは広く宗教をめぐる曖昧さあるいは錯綜性を象徴するものだと思う。

第一に、先ほども述べたように、賢治自身は仏教の思考の枠組みで考えているのに、用いる材料がキリスト教的な姿をもっているので、一見紛らわしくなっている。これなど、さまざまな形でキリスト教や西洋のモチーフを取り込んでいながら、依然として仏教的な思考方法をもっている日本人の思想構造のつかみどころのなさを象徴的に示すものだ。

第二に、一般人の読解と、仏教や宗教の専門家の読解の間に乖離《かいり》がある。一般人は極めてすなおに『銀河鉄道の夜』はキリスト教的だと考える。それは十字架や賛美歌といったあれこれの要素に注目するからだ。仏教や宗教の専門家は、個別の要素を超えて作品の思想構造の全体から判断する。しかしその思想構造に目を留めるのは、なかなか高等なワザだ。だから専門家の説明は一般読者にはピンと来ない。仏教思想は説明するのがけっこう難しいのだ。

筆者としては、そんな仏教のロジックを易しく解説したい。日本人が無意識に影響を受けている仏教の発想法を明確な形で自覚できるようにしたい。

　アメリカ同時多発テロで倒壊したツインタワー跡地（グラウンド・ゼロ）の再建計画で、日本の建築家安藤忠雄は、何も建てずに怨みの連鎖を断つ鎮魂の場にしようとの案を提出した。無の建築である。これなどはやはり仏教の無常や無我や空《くう》の思考パターンがひょいと出現したものではないだろうか。

　そういう潜在的思考パターンとして、仏教は日本人の中に生き続けている。

　本来、仏教は日本人にとって理解しやすい、易しいものであるはずだ。しかし、改めて仏教思想を理解しようとすると、あの、お経の中の無数の漢字のように、極度に難しい言葉やら概念やらに窒息させられてしまう。

　本書では、こうしたギャップを埋めるために、なるべく大まかに、風通しよく、大胆に、仏教の基本的コンセプトを紹介していこうと思う。

第二章 仏教のなじみやすさ
——四つのポイント

日本人は歴史的・文化的に仏教に慣れ親しんでいるわけだが、具体的な教理の特徴としては、どんな点が日本人に受け入れられやすくなっているのだろうか。

本章では日本人にとっての受け入れやすさのポイントを考えることで、仏教の基本的性格を解説していく。

ポイントは四つある。

ポイント1　仏教は修行ゲームである
ポイント2　仏教は相対主義的である
ポイント3　仏教は死生観が多様である
ポイント4　仏教は図像《イメージ》が豊富である

これらのポイントがあるゆえに仏教は日本人にとって受け入れやすいのである。というか、仏教が歴史的に日本人を訓育してきたので、こうしたポイントが日本人にとって心地よい、有難いものになっているのだ。

以下、各項目を具体的に見ていこう。

ポイント1　仏教は修行ゲームである
悟りを目指すゲーム

キリスト教やイスラム教は神を信じる宗教だ。その神は、唯一絶対の神である。アニメ映画『千と千尋の神隠し』に出てきたような、湯屋のお風呂に入りに来る無数のカミガミではない。

一神教の神は偉大な親か帝王のような存在であり、神の命令に服していれば、あるいは神の慈愛にすがっていれば、人生は間違えずに済む。要するにそんな構造だ。

これに対して仏教は悟りを目指す修行ゲーム型の宗教である。神の位置に悟りが来るのである。一神教の神は人間を超えた天空の絶対者だが、悟りはあくまでも人間の行なうことであり、地上の出来事である。天を目指す宗教と地を目指す宗教の違いと言えばいいだろうか、構造的にずいぶん違っている。

もっとも、仏教ではブッダを拝む。仏像としてかたどられる神々しい存在だ。このブッダが衆生に救いをもたらす。これは「神」とは呼ばれないものの、やっぱり「神」に近いもののように見える。だったら、仏教もキリスト教やイスラム教などと同じような仕掛けの宗教ではないかと思われるかもしれない。

ここで説明を加えておくと、ブッダはインドの呼び方である。漢字で書くと仏陀《ぶつだ》となり、略すると仏《ぶつ》となる。仏は「ほとけ」とも読むが、「ほと」というのもブッダと同じだ。「け」は古代の語尾らしいが意味ははっきりしない。

さて、たしかに仏教ではブッダを拝むが、ブッダの意味付けは神を唯一絶対として譲らない一神教よりもはるかに融通性が高い。仏教の宗派によっては、そもそもあまりブッダを拝まない。つまりブッダ信仰が仏教の必要条件ではない。

禅宗ではもっぱら坐る。坐って精神が透明になるのを待つ。あるいは根性が坐るのを待つ。ブッダは修行の大先輩として尊崇される。ブッダそのものが坐った姿で描かれる。ブッダは修行のモデルだ。禅宗では「仏に逢ったら仏を殺す」というような物騒なことも言う。もちろんレトリックだが、仏なんぞに「神頼み」しないゾという決意の表明である。

ブッダを熱心に拝む宗派でも、そのブッダは一神教の神とは少し様子が違っている。

キリスト教などの一神教の神は圧倒的に「対話好き」であり、社会生活のいちいちに口を挟む。信者のほうでも神に絶え間なく語り掛け、答えを求め、赦されたり裁かれたりといった精神的ドラマをたっぷりと味わう。これに対し、ブッダ信仰におけるブッダの働きははるかに静的である。

ブッダは人を裁かないし、地獄行きを命ずることもない。そもそもブッダは天地創造の神ではないし、人間の創造者でもない。宇宙は自ずから存在しており、人間も自ずから存在している。真理は宇宙にあって、ブッダはその真理の体現者だ。宇宙に対しては、ブッダは二次的な存在だ。

ブッダを積極的に拝む代表的なセクトは、浄土宗や浄土真宗など、阿弥陀《あみだ》信仰（浄土信仰系）の宗派である。これらの宗派が拝むブッダは阿弥陀仏あるいは阿弥陀如来と呼ばれる。阿弥陀というのはインドのサンスクリット語のアミターバ（無限の光）とアミターユス（無限の寿命）を合成してできた名前であり、悟りの光明と永遠性の象徴のような存在である。

この悟りの光の前に自分自身を無にすることができたら、そのときにあなたは救われている。つまり無限の至福に包まれている。

阿弥陀に対して自分自身をすっかり任せきるのは、一種の悟りである。悟りと呼んでも、安心、安心立命と呼んでもいい。それは一神教的な意味での神との対話でも契約でもなく、宇宙に潜在する慈悲の力を前にしての心の静まりなのである。

そもそもブッダは、開祖の釈迦《しゃか》の称号であった。釈迦は修行を積んで「悟り」を開いた。そこで「目覚めた者」と呼ばれた。「目覚めた者」をインドのサンスクリット語（インドの古典的文語、梵語）やパーリ語（古代の仏典語の一種）で言うと、ブッダとなる。

後世の修行者は、この「目覚めた者」ブッダを瞑想《めいそう》修行の中で出会う理想の人格とした。ビジョンの中の理想的大先輩である。やがてブッダは「神」のように思い描かれるようになった。阿弥陀はそのようにして出現した瞑想の神だ。

密教では曼荼羅《まんだら》と呼ばれるホトケ様一覧図のような図像を修行に用いるが、そこに描かれた無数の「神々」は、すべて瞑想の中で思い浮かべられるイメージ的存在なのである。

目標は自己のコントロール

タイのお坊さんの戒律生活、チベットの僧侶が一念凝らして行なう砂曼荼羅の制作、そして日本の日蓮宗の僧侶や檀家《だんか》さんが勢いよく「南無妙法蓮華経（私は法華経に帰依します）」と唱える唱題なども、美学的な洗練を経た修行の姿だ。

先ほど述べた阿弥陀信仰の場合も、もともとは心の中に阿弥陀の姿を思い浮かべる瞑想トレーニングのようなものを主軸とするものであった。これはビジュアルな訓練だが、後世の中国や日本では発声が主流となった。「南無阿弥陀仏（私は阿弥陀ブッダに帰依します）」と唱える念仏はみなさんもご存じだろう。

念仏に際して「俺は念仏の修行をやるゾ」と意気込むのはよろしくない。そういう自意識を極小にするためにこそ、阿弥陀というブッダへ思いを集中させていく。自己の修行を喧伝《けんでん》せず、阿弥陀本位なのである。「他力本願」という言葉は、このあたりのことを意味する。

この言葉は俗に「他人に甘えっぱなしの態度」の意味で使われるが、本来の意味はむしろ逆だ。というのは甘えっぱなしの態度というのは、自己チューの態度であり、その自己チューから脱却するのが、阿弥陀信仰を含めた仏道修行の趣旨だからである。

ルカによる福音書と法華経のエピソード

仏教が修行中心の宗教だということは、聖書と法華経にあるよく似た二つのたとえ話を比べてみるとよく分かる。聖書の「ルカによる福音書」の中でキリストが語った放蕩息子のたとえ話と、法華経の中で釈迦の弟子たちが語ったとされる家出息子のたとえ話とを読み比べてみよう。

福音書の放蕩息子のエピソードは次のように展開する。

昔々、家を飛び出して放蕩にふけった若者がいた。しかし有り金を使い果たして困窮する。故郷が懐かしくなった馬鹿息子は、とことこ家に帰ってくる。

家では父親が待っていた。息子は自分が馬鹿だったと反省する。「もう息子と呼ばれる資格はありません」。しかし父親は息子を歓待し、晴着を着せてパーティを開く。

この息子には兄がいて忠実に父に仕えていたのだが、ろくでなしの弟がちやほやされているのを見て、むくれる。しかし父親は、弟は死んでいたのに生き返ったのだからいいではないかと言って相手にしない。

このたとえ話は、つまるところ神の慈愛の有難みを語ったものである。父親は神様だ。馬鹿息子は我々迷える子羊だ。我々は神様から離れてさんざん馬鹿をやった挙句に、困り果てると神頼みを始める。しかし、そんな馬鹿息子でも父親=神様から見たらかわいい我が子だ。無条件に歓迎してくれるのである。

次に、法華経の家出息子のたとえ話を見てみよう。

こちらでもやはりひとりの若者が家を出てあちこちほっつき歩く。その挙句に貧窮する。父親のほうは事業に成功して今はどでかい邸宅に住んでいる。息子はたまたま父親の邸宅のある町にやって来たのだが、それが実の父の家であることに気付かない。長い流浪の間に父親の顔なんか忘れてしまっている。

父親は息子に気付いて家に招き入れようとする。しかし息子は、どこかのラージャ（王族）が貧民を強制労働に駆り立てているものと勘違いして、逃げ出してしまう。父親は息子がすっかりいじけた気持ちになっているのを見て、すぐに名乗るのをやめ、まずは便所の汲み取り係として雇うことにする。

父親は息子に徐々に仕事を教え、出世させた。息子はきまじめに働き、ついに財産管理を任されるまでになった。

やがて死を迎えようとするとき、父親は人々を呼び集めて息子を紹介し、これが跡取り息子だと言う。息子はビックリする。思ってもみない財産が転がり込んだからである。

さて、法華経のこのたとえ話における父親とはブッダのことである。父は努力の末に出世して立派な存在になったのだ。家出息子はブッダの弟子である。弟子は便所の汲み取りのような地味な仕事から始めて、次第に高度な作業を覚えていく。そして最後に悟りという遺産を相続するのである。

福音書も法華経もだいたい同じ時期に書かれている（紀元一世紀頃）。当時はインドのクシャーナ朝と西洋のローマ帝国の間で人的交流が盛んであった。交易商人が行ったり来たりしていたのだ。だから二つのたとえ話のモトネタは一緒であった可能性がある。神やブッダを父親にたとえ、信者や弟子を家から飛び出した息子にたとえるなど、基本のモチーフが共通しているのはそのためであろう。

しかし——ここが大事なのだが——やはり福音書と法華経とでは話の調子が違っている。一番目につく違いは、福音書では息子と父親がすぐに和解することだ。コミュニケーションのテンポが速い。そして息子は自ら反省の辞を述べている。テキパキと事を進めること、言葉での反省を重視することは、今日でもキリスト教文化圏の西洋人の特徴である。

他方、法華経のたとえ話では、息子は便所の汲み取りからスタートして段階的にステージを上げていく。まさしく「修行」に服している。話のテンポはのろい。息子は反省の辞など述べないが、財産管理を的確に行なうなど、身をもって誠実さを示している。ここに描かれた段階的なトレーニング、そして言葉などより不言実行的な姿勢を良しとする人間観は、まさしく仏教的であり、また断然日本人好みだと言えるだろう。

それに、そもそも法華経の父親＝ブッダ自身が、修行の末に出世して偉くなった存在なのである（最初から偉い天地創造の神ではない）。

修行好きという日本の伝統

日本には伝統的にさまざまな習い事が多い。茶道、華道、俳句、剣術、柔術など、師匠について少しずつ習熟していくというシステムだが、いずれもどこか精神修養的な側面をもっている。起源をたどると、禅宗などの仏道修行の伝統が影響を与えている。

こうした修行の伝統があるので、日本では、ビジネスでもスポーツでも芸能でも、「何か一つだけすごいことをやってみせたらそれでOK」というものではない。どこかでやはり全人格的な理想を追求している。西洋式格闘技のレスラーに要求される肉体的能力と、相撲取りに要求される肉体＋精神的美徳との違いのようなものだ。

こうしたやり方には重苦しさや封建的性格といったデメリットも伴いがちなのだが、大事なのは、「人生は修行である」という根本的展望が人生観を深く規定しているということだ。こういう文化的規定は個人の好みや決意だけで簡単に変わるものではない。

日本人の修行好きは、娯楽の世界にも入り込んでいる。漫画やアニメのファンタジーや関連ゲームの世界も、修行のモチーフにあふれかえっている。何かパワーをつけて次々と敵や難題を乗り越えてステージを上げていく。これは、仏道修行のやり方の俗世バージョンに他ならない。

おまけにマゾっぽいというか、アニメ『新世紀エヴァンゲリオン』の主人公碇シンジのように「逃げちゃだめだ、逃げちゃだめだ」と、なんだかワケの分からない境遇の中で、それでも懸命に頑張るのを良しとしている。これまたもちろんブラック企業の餌食になりそうなメンタリティーであるけれども、モチーフとしての不言実行型の修行を好むという、我々の中に潜在する文化的体質は認識しておいたほうがいいだろう。

あくまで精神の修養がメイン

とはいえ、我々が世俗的に求める修行と、宗教の世界の修行とではニュアンスに大きな違いもある。

仏道修行がコンピューターゲームなどと異なっているのは、仏教が目指すのは点数化された格闘技パワーやサバイバル能力を溜め込んでいくことではない点である。仏教はやはり宗教であるから、目指すのは精神的なものだ。「敵」といっても、生身の人間や敵国のことではない。

自分の精神の中の敵、すなわち迷いや煩悩、そして自意識過剰などである。

敵はいずこにありや？

汝の心にあり。隙ありー！　デヤー！！！

このあたりのセンスは、武士道や宮本武蔵などの武芸の達人を描く小説や漫画の世界から類推がつくかもしれない。武芸の達人は、定義上は「戦士」であるが、ストーリーとしてのポイントは、敵をぶちのめすことではなく、オノレに克つことだ。できれば戦わないのが望ましい。物理的暴力は主題ではない。

仏教の目標は、また、ビジネス上の出世や成功のようなものでもない。経済戦争は武力よりスマートであるが、物理的に相手を打ち負かすという点では暴力戦と同じ水準にある。実際、国家間競争においては、経済と軍事は連動している。

仏教が目指すのは、煩悩克服ゲームにおける成功である。それは格闘技的サバイバルゲーム、ビジネス戦争、スポーツ界・芸能界・政界の競争のいずれとも異なるものだ。

死んだ後も！　永遠に続く修行

仏教の修行は延々と続く。どんなに悟ったように見える人間だって、きっとどこかに穴がある。完璧な人間などいない。どんなに修行をしたところで、生きている間に完全な悟りを実現することはできない。

禅宗では「釈迦もダルマも修行中」と言う。

釈迦は仏教の開祖だ。建前としては、釈迦は悟って完成された人格＝ブッダになった。ダルマはボーディダルマ（菩提達摩《ぼだいだるま》）のことで、六世紀の西域の人。禅宗の祖とされる伝説的人物である。ダルマさん人形はボーディダルマが坐禅する姿を描いたものである。

仏教の建前としては、当然、釈迦もダルマも悟っている。しかし、レトリカルな言い方を好む禅では、敢えて釈迦もダルマも修行中と言うのだ。修行は永遠に続く。死ぬまで続く。いや、死後にだって続くのだ。

ポイント2 仏教は相対主義的である
ブッダは医者である

神に示された規範を守る一神教の教えは文字通り道徳的であるが、これに対して、自己の苦悩や迷いをどう抑制していくかを思考の出発点とする仏教の教えには養生的な性格が強い。

つまり、個人であれ、社会であれ、苦悩という病気を抱えずに暮らせるような生理学的な訓練として教えのメニューがセットされているのである。

これについては、最も初期の時代から仏教の要諦として唱えられている四諦《したい》を見ていくのがいいだろう。

四諦というのは「四つの真理」という意味で、釈迦の人生の診察を要約的に示した標語である。ポイントは、これが病気の診断になぞらえて整理されたものだということである。

苦諦《くたい》（病気の認定）あなたの人生には苦があります。
集諦《じったい》（病因の特定）煩悩が集合して苦をもたらしています。
滅諦《めったい》（治療の目標）苦を取り除いた生活を目指しましょう。
道諦《どうたい》（治療の計画）そのための処方箋を書きます。

最後の「処方箋」というのは八正道《はっしょうどう》という具体的な修行のメニューのことである（これについては第三章で説明する）。

四諦におけるブッダの姿勢は、患者に対する医師や看護師の姿勢である。もっとも、医師や看護師の処方箋に従って律するとなると、生活はそれなりに「道徳的」になる。たとえば暴飲暴食をしてアルコール浸りになっているような生活を改めて、クリーンでピュアな暮らしをすることになるからだ。

しかしそれが「神の命令」という形ではなく「クライアントへの提案」という形で説かれて

いるのが仏教らしいところなのである。

こういうのは日本人には親しみやすい思考パターンだろう。聖書やコーランに書いてあるからこれこれの戒律を守れと迫られるのは、思考の順序として、どうも日本人は苦手である。

なお、「人生は苦だ」のような四諦の診断は、仏教的思考になんとなく染まっている日本人には、かえってその特異性や有難みが分からなくなっているかもしれない。これについては、キリスト教文化圏の西洋人のほうが反応がビビッドである。

たとえば六〇年代のヒッピーに大きな影響を与えた五〇年代のアメリカのジャック・ケルアックやゲイリー・シュナイダーといったビート・ジェネレーション作家、詩人は、当時アメリカの大学で禅のレクチャーをしていた鈴木大拙などを通じて知った仏教の教えに目を開かれる思いをしたという。我々には平凡にすら見える四諦の教えなども彼らには新鮮であった。

キリスト教では、神から離反することの罪とキリストによる救済という教理を教え込まれる。最初から神学的であり、また神話的だ。宗教とはそういうものだと思っていたアメリカの知識人たちには、「人生には苦がある」という平明な認識が教えの出発点である宗教の存在は、目からウロコ的な啓示だったというわけだ。

仏教の修行は、身体の養生や患者の闘病生活あるいはリハビリに近い。そして仏教の救いは精神と身体の「癒し」に近い。元祖「癒し系」の宗教なのである。

相対主義的で融通性が高い

仏教では絶対の道徳的規範が天から降って来たという発想はしない。あくまでも人間の病状に合わせた診断と処方箋という建前を守っている。

こうした発想は自然に仏教思想を相対主義的なものにしている。社会規範も個人レベルの生き方も、究極的には人間個人の生理に即したものであるべきで、条件が変われば、教えそのものも変化していく。もちろん何もかもめちゃくちゃに変化してしまっては、仏教としての格好がとれなくなるので、自ずから限度はあるのだが、それでも一神教に比べて仏教の教えは融通性が高い。

チベット仏教の指導者ダライ・ラマは朝日新聞のインタビューで次のように述べている。

「私たちチベット人も『仏教こそが唯一の真理』と言うことがある。しかし地球上には数多くの宗教伝統があり、何千年も人類に寄与してきた。私たちは『いくつもの真理』を認めなければならない」(二〇一五年四月二二日「『敵もまた同じ神の子』 ダライ・ラマ、単独会見」)

もちろん一神教徒にも同様のことを説く人はいる。それでも宗教指導者の立場ではなかなかここまでは踏み込んで言いにくいようだ。ダライ・ラマはチベット仏教では従来説かない「草木までも成仏する」という日本仏教の教えを今日では受け入れているという(正木晃講演動画『宮澤賢治はなぜ浄土真宗から法華経信仰へ改宗したのか』)。「ダライ・ラマ」という法王のような職は転生によって受け継がれるという建前だが、そのような制度にももはやこだわらないという方針のようである。

こうしたフレキシビリティも、仏教が一神教などに比べてはるかに相対主義的な性格をもっていることによるものだろう。

大衆も悟りに近づける大乗仏教

相対主義は、とくに日本仏教やチベット仏教の属する大乗仏教において強化されている。

仏教は歴史的に大きな二つの宗派に分かれる。東南アジアの仏教はテーラワーダ仏教（上座仏教）である。日本や中国やチベットなどの仏教は大乗仏教だ。

その大乗仏教では、大事な「悟り」すら相対化してしまう。修行の宗教である仏教では、目標としての「悟り」は絶対的なものであるはずなのだが、そういうこだわり自体が、自我の迷妄になってしまうかもしれないというのである。

実際、修行者が修行を鼻にかけてエリート然としてしまっては、せっかくの修行も台無しだ。修行は大事だが、しかし修行がすべてではない。表立って修行をしていない在家の人のほうが、あるいは無心な子供のほうが、よっぽど「悟って」いるかもしれない！

大乗仏教では出家修行を相対化する一方で、一般市民の救いを大事にする。

ほとんどの人には出家修行なんぞしている暇はない。人々は生活に忙しい。だが、修行をしている暇のない一般市民も、仏塔や仏像を拝んでお経を読んだり呪文を唱えたりしていれば、心の中はピュアになって「悟り」に近づくかもしれない。

仏教は実体的目標にこだわらない宗教である。大乗仏教では「空《くう》（からっぽ）」とよく言う。どんな物事も本質は「からっぽ」だというのだ。色即是空とはそういう意味の言葉である。色（物質的現象）はすなわちこれ空（からっぽ）なり。もちろん精神的現象もまたからっぽである。

究極的には悟りだって涅槃《ねはん》だって悟りを目指す修行だってからっぽだ。いわば仏教は筏《いかだ》のようなものであり、流れを渡り切ってしまったら筏は解体してしまってかまわないとも言われる。筏をいつまでも背負って旅することはできない。禅宗では、教理へのこだわりを排除するために「仏に逢ったら仏を殺す」なんて物騒なレトリックまで動員する。

相対主義は来世観にも及んでいる。第一章で軽く触れたように、仏教は輪廻《りんね》転生を前提としつつも、多様な来世観を包含しているのだった。これについては次のポイント3でまとめて取り上げることにしたい。

相対主義はまた、諸宗教の共存をもたらしている。仏教は中国で儒教や道教に出合い、日本列島で神道に出合った。しかしいずれの宗教も排斥せず、共存している。神道の神々は仏教の仏や菩薩《ぼさつ》と同体だという思想も発展した。これなんかも相対主義のなせるわざである。

こうした思考のダイナミズムは、やはり日本人には親しみやすいものだと思う。世界的に見ると、日本人は良くも悪くも相対主義的思考の強い民族である。これは融通無碍《ゆうずうむげ》とも言えるし、状況に流されやすいとも言え、まあ、外圧に弱いとか、外圧を頼みとするとか、情けない部分も多いのだが、ともあれ、物事は状況次第だという感覚が強い。

この感覚が悪しき方向に流れないようにするためにも、同じく相対主義的なところをもつ仏教の発想に学んで、自らの啓発の鑑《かがみ》とするほうがいいのではないかと思うのだ。

ポイント3　仏教は死生観が多様である

第一章で日本人の「死後」観について触れたが、仏教の公式見解としてはどうなっているのだろうか。

キリスト教では人は死んだら神様のもとで裁かれて、天国か地獄に割り振られる。仏教の場合には、死んだ人は幾度も幾度も輪廻転生する。

天国地獄と同様、輪廻というのは合理主義的な現代人には信じ難い世界観だ。しかし、注意してほしいのは、仏教のビジョンには、輪廻観そのものにも囚われないような、そんなフレキシブルな性格があるということである。

基本形は輪廻転生

輪廻転生はインド人の一般的な考え方であり、ヒンドゥー教徒やジャイナ教徒もほとんど同じ世界観をもっている。

何度も生まれ変わるというビジョンそれ自体は、インドのみならず世界中に見られる普遍的なものだ。古代ギリシャ人も輪廻の考え方を知っており、プラトンなどがこれを記している。一神教でも中世ユダヤ教のカバラーには輪廻の考え方がある。前近代の日本人はインド式の輪廻の他に、「死んだら身内の誰かの子として生まれ変わる」という素朴な輪廻思想を併せもっていた。

仏教では六道輪廻といって、生まれ変わった先の生の状態を六つのカテゴリーに分けている。地獄界（最悪の境遇）、餓鬼界（飢えてばかりの境遇）、畜生界（欲望ばかりの境遇）、阿修羅界（闘争心にさいなまれる境遇）、人界（まずまずふつうの境遇）、天界（天上のセレブすなわち神々のような境遇）の六つである。これが来世についての仏教の公式的世界観ということになる。

しかしこの六つのカテゴリーにあまりこだわる必要はない。六道輪廻の各カテゴリーは内容的には曖昧である。「地獄」や「畜生」や「阿修羅」といったものが、場所のことなのか、生物の種類のことなのか、人間の生き様や境遇の比喩の類なのか、今ひとつはっきりしない。

たぶんそんなディテールよりも大事なのは、「善いことをすると善い来世を迎える」「悪いことをすると悪い来世を迎える」という、来世の境遇の上がり下がりのほうである。その点では、キリスト教などの天国・地獄のビジョン——善いことをすると天国へ、悪いことをすると地獄へ——に通ずるものをもっている。

ただしキリスト教と違って、来世を迎えることは人生の最終ゴールではない。転生は幾度も続く。だから地獄に堕ちてもまた這い上がることが可能である。そういう意味ではキリスト教のビジョンよりも楽観的である。

「一」にこだわらない仏教

ところで、なぜインド人は転生が幾度も続くと想像したのだろう？　何の証拠があって？　だが、むしろ問うべきなのは「なぜキリスト教徒は、人生は一度で終わりと考えたのか」であるかもしれない。「一回限りの人生」というのは、一神教というものの教理的性格から派生した思考であると考えられるからだ。

キリスト教などの一神教は何でも「一」にこだわる。神様はひとり、救世主はひとり、天地創造が一回あって、世界の終末が一回ある。同様に、人生は一回きりである。

仏教はその逆で、基本的に「一」にこだわらない。宇宙は無限に広く、時間は無限に長く、ブッダは無数に存在し、救いの対象は人間という生物種に限らず、すべての動物や植物などにも及ぶ。人生を「一回きり」と考えなければならない必然性はない。だから転生は幾度も繰り返されるということになる。

ポイントは「複数ある」ということではなく「べつに一と限ったわけじゃない」ということなのだ。

仏教の世界観は、ちょうどSF的な「可能世界」や「パラレルワールド」のようなものを包含する世界観なのだと考えればいいかもしれない。いわば、あなた個人にとっての複数の「可能世界」あるいは複数の「パラレルワールド」が、複数の転生として思い描かれるわけである。

輪廻は事実か象徴か

インド人は、輪廻の全体を修行空間として思い描いたので、「修行が完成した人は輪廻を離脱する」というふうに想像した。マラソンのゴールに達したら、コースから離れて家に帰って寝るようなものだ。

修行が完成した人はブッダと呼ばれる。だからブッダは輪廻空間の外にいる。ブッダは輪廻空間の外で涅槃すなわちニルヴァーナに安らっている。ニルヴァーナとは煩悩の火がすっかり消えて無くなった状態のことだ。

インド人の想像力のおもしろいところは、悟って世俗の苦しみを超越するという心理的なテーマを、輪廻という時空間から抜け出るという物理的なイメージで捉えたところである。

合理主義的な現代人としては、ここでどうしても「輪廻は物理的な意味で実在するのだろうか？」と問わないわけにはいかないだろう。

これに対する仏教者の答えはさまざまである。あくまで輪廻は事実だと考えている人もいる。逆に、輪廻を単なる象徴と考えている人もいる。あるいはインド人の夢想にすぎないと思っている人もいる。

いったいどれが正解なのか。

しかし、ここが肝心なところなのだが、輪廻が事実であれ、ウソであれ、そういったことをくどくどと思い悩むこと自体は、一種の執着ないし強迫であるから、肝心の仏教の教えに原理的に反する態度だということになる。こだわらない人格になるために修行をするのが仏教の本来の目的であるからだ。

悟りに近づくということは、死や輪廻のような死後の世界のことをどんどん気にしなくなるということである。

仮に輪廻が事実であるとして、あなたが地獄に生まれ変わるかもしれないという可能性があるとする。ここで、悟っていない人ほど地獄行きを心配するであろうし、そのような懸念によって行動してしまう弱い心性ゆえに実際に地獄行きの可能性を高めてしまうだろう。悟っている人ほど地獄行きを心配しないであろうし、無執着ゆえに煩悩からも悪からも遠ざかり、事実上、地獄から遠くなる。

芥川龍之介の有名な短篇小説『蜘蛛《くも》の糸』では、カンダタという地獄の亡者が再び地獄に堕ちてしまうが、その理由が、自分に差し出された救済ロープ（蜘蛛の糸）に他の亡者が群がることで、そのロープが切れて再び地獄に堕ちるのを心配したことであった。そういう心配をしたから彼は懸念通り地獄に再転落した。何も心配せずに無念無想でロープにつかまっていれば彼は救われたはずなのだ。

地獄を恐れる人は地獄に行く。地獄を恐れない人は地獄に行かない。

これはあたかも、「人前でアガるかもしれない」と心配している人が実際に人前でアガってしまい、そんな心配をしない人が人前で平然としているというのに似ている。

仏教が悟りという究極の主観に懸ける宗教である以上、輪廻という世界観の物理的リアリティはどうしたって空虚化してしまうのだ。

死への態度は三種類ある

というわけで、仏教においては、輪廻があるか無いかではなく、そうした問題に対してビビっているかビビっていないかという主体的な態度が究極の問題だということになる。

日本の伝統的な仏教は、概ね次のような三種の態度でこの問題に対処してきた。

第一は、「何も考えない」という方向へ徹底するというものである。坐禅などの修行をやって無念無想になるというのは、このタイプに近い。

禅者などは、地獄も極楽も一種の象徴と捉えているらしい。江戸時代の有名な白隠禅師は、地獄・極楽のことを武士に問われたとき、相手のことを「腰抜け」と呼んで怒らせ、刀を抜きそうになったら「それが地獄だ」と言い、我に返った相手が詫びたら「それが極楽だ」と答えたという。

第二は、輪廻の神話に別種の神話をぶつけて、輪廻への恐れを空虚化するというものである。輪廻の神話の本質が「恐れ」だとすれば、その別種の神話の本質は「希望」ということになる。具体的には、ブッダという修行の大先輩の救済のパワーに身を委ねてしまうのだ。

たとえば阿弥陀をめぐる神話によれば、このブッダは輪廻空間の中に「極楽浄土」という特殊空間を設けた。阿弥陀を信頼すると我々は死後にこの特殊空間にワープ（往生）できる。だから「南無阿弥陀仏（私は阿弥陀ブッダに帰依します）」は地獄行きの恐れを浄土行きの希望に転じるマジカルワードとなる。

第三は、輪廻の神話そのものを積極的に受け止める。輪廻の神話の中にある恐れのモードそれ自体を希望のモードに変更する。

たとえば法華経の説くところでは、我々は無限の過去においてすでにブッダの教化を受け、自ら菩薩（人々を救う一種のヒーロー）として生きようと決意したのであった（今の我々は過去世の事実を忘れているのである）。あなたはヒーローなのだ。現世で苦労しているかもしれないが、それはヒーローとしての定番の苦労だ。あなたは来世でもヒーローとして生きる。菩薩の自覚をもって邁進《まいしん》するのだ。槍が降ろうが地獄に堕ちようが平気である。「南無妙法蓮華経！（私は法華経に帰依します！）」は、この積極モードに意識を転じるマジカルワードとなる。

ちなみに、第一章で紹介した宮沢賢治は第三のバージョンで輪廻の懸念を乗り越えている。賢治は妹のトシを結核で亡くしたが、初めは彼女が輪廻のどこに向かうのか心配でならなかった。地獄になんぞ行ったら悲惨だからだ。そんなことを「青森挽歌《ばんか》」という長い詩の中に書いている。しかしその詩の後半では彼は懸念を乗り越えている。

あいつはどこへ堕ちようと
もう無上道に属している
力にみちてそこを進むものは

どの空間にでも勇んでとびこんで行くのだ
（『春と修羅』「青森挽歌」）

つまりトシは輪廻のどの空間にでも行ける（地獄にだってへっちゃらで堕ちられる）のである。なぜなら彼女はすでに無上道（仏道）に属しているからだ。無上道とは、ジョバンニのように「どこまでもどこまでも」「ほんたうのさいはひ」のために進んでいくヒーローの道のことである（丹治昭義『宗教詩人 宮澤賢治』参照）。

輪廻観の三つのモードと死生観の多様性

もう一度整理しよう。仏教の来世観の基本は輪廻転生であるが、同時にまた、輪廻の世界観に囚われないようにと我々を誘う。輪廻観は、概ね次の三つのモードによって、実質的に相対化される。

一　無に徹する――坐禅など。
二　希望の神話を信じる――阿弥陀の極楽浄土への往生など。
三　輪廻神話を積極的に飲み込む――法華経のパワーなど。

この三つは世界観的には異なっているが、実質的には似ている。輪廻や死後を気にしなくなるのである。

日本人は「死生観」談義が大好きだ。理由はいくつもあるだろうが、死後についての仏教の神話が、キリスト教などよりも方便的で流動的なためでもある。仏教は死後のビジョンを複数提示し、しかもそのいずれをも相対化してきた。

第一章で見たようにマスコミが「天国」のレトリックを用いるのも、こうした理由による。賢治の『銀河鉄道の夜』の来世がキリスト教の「天上」のように見えるのも、結局、仏教の神話の多次元性あるいは相対主義のなせるわざである。

ポイント4　仏教は図像《イメージ》が豊富である
無数のバリエーションがある瞑想の中の神々

ポイント1で述べたように、仏教ではたしかにブッダを拝むが、それは絶対神のようなものというよりも修行上の大先輩というニュアンスが強く、瞑想の中でブッダに導かれつつ悟りや安心を得ることを主たる目標としているのだった。

さて、日本仏教の属する大乗仏教では、一体のブッダではなく、無数の「ほとけたち」を拝む。相対主義的な仏教は、拝む対象も一体と決めずに、どんどんと増殖させる。そうした数々の「ほとけたち」は基本的に如来、菩薩、明王、天の四つのカテゴリーに分けられる。繰り返しになるが、瞑想の中の存在としての「ほとけたち」は物理的存在とはちょっと違う。ちょうど「心」「思考」「感情」といった精神的な存在と同様に、如来、菩薩、明王、天もまた、精神的な意味での実在であると考えられる。

究極的には、仏教は、あらゆる存在の実体視を退ける。あらゆる存在は「空（からっぽ）」である。だったら如来も菩薩もからっぽということになってしまうが、しかしそのときには、茶碗も皿もパソコンも自動車も家も山も動植物も人間もからっぽと言わなければならない。逆に言えば、あなたや私が存在しているというのと同程度には、如来も菩薩も存在しているということになる。瞑想は単なる幻影ではないのである。

そしてその瞑想的ビジョンが無数の彫刻や絵画作品となって日本中の寺院や美術館に収められている。

日本には仏像仏画のみならず世俗の風景を描いた絵巻物や浮世絵の伝統がある。日本人は視覚的イメージ・ビジョンが好きな国民だ。なにせいい大人が読書よりも漫画やアニメを趣味とする国民性なのだ。そういう民族には、無数のバリエーションをもつ仏教の神話的図像は魅力的だろうと思う。

四タイプの「仏像」。左上は如来（タターガタ）あるいは仏（ブッダ）。パンチのような螺髪、比較的シンプルな服装が特徴である（ただし大日如来は豪華な服を着ている）。右上は菩薩（ボーディサットヴァ）。王子時代の釈迦のように豪華な飾りを身にまとっている。左下が明王（ヴィディヤーラージャ）。ここに描いた不動明王のように怖い顔をしているのがふつう。右下はその他の一群だが、中央は増長天、右は弁才天。天はヒンドゥー教の神様（デーヴァ）。左は阿修羅（アスラ）という鬼神の一種

如来――究極の大先輩

最初、仏教では開祖の釈迦のみを「ブッダ」として崇め奉っていた。ブッダとは悟った存在である。そうした悟った存在は釈迦の他にも無数にあると想像されるようになり、やがて大勢のブッダを拝むようになった。

次いでブッダの候補生のような存在である菩薩、呪文のパワーの化身としての明王、ヒンドゥー教の神々にあたる天なども拝むようになった。いず

れも瞑想の中でリアルな存在として現れ、修行を助けてくれる霊的な存在である。

このブッダ、菩薩、明王、天が大乗仏教とくに密教の「ほとけたち」の基本的カテゴリーである。このうちブッダは礼拝の対象としては——あるいは仏像の分類法としては——如来と呼ばれることが多い。だからここでも如来（＝ブッダ）、菩薩、明王、天の四部として説明しよう。

如来（タターガタ）はブッダ（仏陀、仏）の異名だ。インド人は修行を極めた存在をブッダと呼んだりタターガタと呼んだりした。語源的には、ブッダすなわち仏陀は「目覚めた者」、タターガタすなわち如来は「（ある境地まで）やって来た人」という意味である。

如来は修行を極めた存在である。人間はすべて修行の途上にあるとすれば、如来は修行世界の究極の大先輩だ。仏像においては、この究極の大先輩は、金ピカに輝く存在として造形される。しかも頭髪はパンチ状態である（このくるくる巻いた髪の塊を螺髪《らほつ》という）。眉間には毛が螺旋状に生えている。修行者は瞑想の中で、如来が白毫《びゃくごう》からビームを飛ばして空間に映画のようなビジョンを映し出す姿を思い描いた。

如来は智慧《ちえ》と慈悲を無限にもち、神通力ももっているとされる。

大乗仏教の世界観によれば、宇宙中に無数の如来がいる。宇宙中の生物（衆生）はそれぞれ身近な如来のパワーを借りて自らの修行の助けとするのだ。ちょうどジャングルの大木がその巨大な傘の下で無数の植物を養っているように、如来もまた無数の衆生をその精神的な傘の下で養っている。そして今は小さい草木が将来は新たに巨木として育っていくかもしれない。こんなエコロジカルなイメージで、如来と衆生の関係をイメージしてほしい。

代表的な五つの如来

如来は無数に存在するが、寺院の本尊として造形されているのは、いくつかの有名な如来に限られている。

・**釈迦如来**（法隆寺）——斑鳩《いかるが》の里にある法隆寺の金堂中央には、開祖のブッダである釈迦如来の像が安置されている。日本仏像史において古い時代に属するものである。

・**薬師如来**（薬師寺）——奈良盆地を北上して薬師寺に行くと、そこに鎮座しているのは寺名のもとになった薬師如来である。釈迦の教えが医者の処方にたとえられ、この比喩から薬のカミサマとしてのブッダが生まれた。

・**毘盧遮那如来**《びるしゃな》（東大寺）——次に東に向かって東大寺の大仏殿に入る。このどでかい如来は毘盧遮那如来という悟りの広大な宇宙を象徴するブッダである。

・**大日如来**（東寺）——北上して京都の東寺に向かう。金堂の本尊はこれまた薬師如来であるが、講堂に安置されているのは大日如来である。これは密教の曼荼羅の中央に描かれる如来であり、東大寺の毘盧遮那如来と本質を一にする。

・阿弥陀如来（本願寺）——そしてＪＲの駅を過ぎて東西の本願寺に行くと、信仰対象は阿弥陀如来である。阿弥陀は極楽と呼ばれるユートピアの主として有名なブッダだ。阿弥陀と言えば、東大寺の大仏と並んで有名なもう一体の大仏、鎌倉の大仏もまた阿弥陀である。もとは建物があったのだが、焼け落ちてからはずっと露天で瞑想を続けていらっしゃる。

菩薩——面倒見のいい大先輩

如来すなわち仏が修行の完成者だとすると、菩薩というのは修行途上の存在のことである。修行の中身には、他の人間や生き物たちの救済活動も含まれる。自ら修行をしながら人々を助けて回っている奇特なヒーローが菩薩である。

言葉の説明をすると、菩薩とは菩提薩埵《ぼだいさった》の略であり、これはボーディサットヴァの音訳である。「悟りに向かう存在」といった意味のサンスクリット語だ。

広義では、あなたでも私でも、「ブッダを目指して修行しよう！」と決意した者は、みな菩薩ということになる。法華経によればあらゆる生き物はブッダになることが約束されており、そういう意味ではあらゆる生き物は潜在的に菩薩である。

しかし像として刻まれて拝まれるほどの菩薩は、やはりもっとステージの高い聖者のような存在だ。観音菩薩、弥勒《みろく》菩薩、文殊菩薩、地蔵菩薩といったよく名前の知られた菩薩は、みなスーパーマン並みのレベルに達した存在である。

・**観音菩薩**——京都の清水寺や東京浅草の浅草寺の本尊は観音菩薩である。観音はさまざまな姿で我々迷える衆生を救ってくれる有難い菩薩だ。手が千本あったり（千手観音）、顔が十一もあったり（十一面観音）するのは、救いの「手段」をたくさん講じていることの象徴だ。

・**弥勒菩薩**——京都の広隆寺や斑鳩の中宮寺は、神秘的な弥勒菩薩の像があることで有名だ。もっとも、中宮寺の寺伝ではこれを観音菩薩としている（本来は弥勒であったという）。弥勒は現在天上にいて将来救世主として地上に現れるために待機しているという。

・**文殊菩薩**——「三人寄れば文殊の知恵」で有名な文殊菩薩は、知恵に秀でた菩薩である。仏像としては、たとえば先ほど見た法隆寺の金堂に、釈迦如来像の脇侍として普賢菩薩とともに鎮座している。

・**地蔵菩薩**——菩薩で最もなじみ深いのは、なんといっても地蔵菩薩だろう。これは輪廻のどんな境遇に生まれた者でも救おうと頑張っている菩薩である。とくに地獄に堕ちた者にはとても有難い菩薩だ。お地蔵さんの像は全国の路上どこにでもある。また、現代になって中絶した赤ん坊のための水子地蔵の信仰が広まった。

他にも無数の菩薩が存在しているのだが、これくらいにしておこう。

如来が修行世界の超大先輩だとすれば、菩薩はそれに次ぐ大先輩である。ある意味で如来よりも菩薩のほうが有難い先輩だ。というのは、徳の高いスーパー菩薩たちは、自分自身が悟りすまして完全な頂点に達するのを諦めてまでも、人々の救いのために奔走しているからである。いわば社長にならずに現場で平社員と一緒になって汗水流している部長さんのようなものだ。

大乗仏教では、自分の悟りよりも他人の救いを重んじるという理想をもっているので、信仰や瞑想の世界でも、菩薩の有難みはいや増しに増しているのだ。

明王――呪力の化身

次は明王だ。これは呪文のパワーが人の姿をとって現れた者であり、基本的に怖い顔をしている。それは我々の煩悩を威嚇しているからだ。如来や菩薩は基本的に優しい顔をしている(中には怒った顔の菩薩も存在するが)。

明王で有名なのは不動明王(いわゆるお不動さん)と愛染明王だろう。不動明王は、動かざる頑固な明王であり、我々の煩悩があまりに大きいときには、その愛のムチが有難い。愛染明王は愛に染まっているというくらいだからエロスの神様なのだが、愛欲を浄化して悟りにまで高めてくれるのだ。

ちなみに仏教は図像が豊富なだけでなく、呪文の類も豊富である。真言（マントラ）とか陀羅尼《だらに》（ダーラニー）とか呼ばれ、さまざまなものがある。般若心経には「ぎゃてい、ぎゃてい……」で始まる短いマントラが記されている。「おんあぼきゃべいろしゃのう……」で始まる光明真言も有名だ。そうした呪文は、魔術的な意味でも使われるが、精神を音声に集中させて悟りの状態に導くという働きもある。

こうした呪文はヒンドゥー教でも唱えられる。ヒンドゥー系の新宗教であるハレー・クリシュナでは、「ハレー・クリシュナ……」で始まるマントラを唱えるが、これはジョージ・ハリスンの一九七〇年代の楽曲『マイ・スウィート・ロード』のバックコーラスになっているのでご存じの方も多いだろう。ともあれ、インド系の宗教には視覚的イメージとともに呪文を修行の触媒として用いる伝統があるのだ。

日本仏教で「南無阿弥陀仏」とか「南無妙法蓮華経」とかを繰り返し唱えるのも、こうした伝統を背景とする習慣だ。キリスト教的には「天にましますわれらの父よ……」などの祈りに相当するが、同じ言葉を単調に唱える東洋式のやり方はやはり無念無想を誘うものであり、西洋式の神に語りかける祈りとは性格的なズレがある。ちなみに、ミュージシャンのティナ・ターナーが「ナムミョーホーレンゲキョー」と唱えている映像がユーチューブでも見られる。

天――ヒンドゥー教の神々

天というのは、ヒンドゥー教の神々を、仏教の守護神として取り込んだものである。大乗仏教では、ヒンドゥー教の神々も動員して拝んでしまう。

ヒンドゥー教で宇宙を象徴する神ブラフマーは仏教では梵天となった。ヒンドゥー教の英雄神インドラは帝釈天となった。シヴァ神は自在天の名で知られている。火の神アグニは火天、水の神ヴァルナは水天だ。文芸の神サラスヴァティーは弁才天、幸福の女神ラクシュミーは吉祥天である。他にも「～天」と名のつく尊格は無数にある。

仏教はインドで生まれた宗教だが、インドの本来の民族的宗教はヒンドゥー教だ。仏教は修行法で一世を風靡したが、民衆の多くはヒンドゥーの神々を信仰していた。その神々をブッダや菩薩の盛り立て役あるいはボディーガードとして取り込んだのが「～天」である。

他にもアスラと呼ばれる一群の鬼神が阿修羅として、ナーガと呼ばれるコブラの神々が竜や竜王として取り込まれるなど、ヒンドゥーの多くの霊的存在が大乗仏教、とくに密教に取り込まれている。

第三章 仏教のキーワード

仏教にはたくさんの概念がある。「縁起」とか「輪廻《りんね》」とか「諸行無常」とか「他力本願」とか、日本仏教を勉強するとなると、たくさんの漢字熟語を目にすることになる。これが面倒くさいというので、どうしても仏教の勉強は敬遠されがちだ。

熟語は無数にあるが、大事なものはいくつかに限られている。本章では代表的な概念をイラスト入りで解説し、仏教の教理をイメージから理解してもらうことにする。

一　諸行無常――現実は変化する

無常（アニティヤ）

枯葉を見て感慨にふける日本人

「祇園精舎《ぎおんしょうじゃ》の鐘の声、諸行無常の響きあり」（『平家物語』）で有名な諸行無常は、「この世のすべてがはかないこと」（『大辞林』）を意味する四字熟語として有名だ。

まあ、枯葉を見ても感慨にふける日本人好みのフレーズである。昔「枯葉よ～」というシャンソンが日本でもおおいに流行《はや》ったが、その感傷の三分の一は「花の都パリ」への憧れ、三分の一は失恋経験の重ね合わせ、そして三分の一は諸行無常の連想によるものだっただろう。

諸行無常とは「あらゆるものは変化する」という意味である（無常とは恒常ではないということ）。「何をやっても無駄」というニュアンスでこの言葉を受け止めている人も多いことだろう。しかしそれではあまりに否定的である。

「何をやっても無駄」なのであれば、仏道修行だって無駄ということになる。そんなことをお釈迦《しゃか》さまが説くはずがないではないか。

ニュートラルな認識――万物の変化

諸行無常に感傷性が無いとは言えない。しかし、むしろ強調すべき点は、この言葉が極めてニュートラルな、ほとんど物理学的とも言える認識を述べたものだということである。

感傷や価値判断抜きで、「あらゆるものは変化する」と声に出して言ってみてほしい。

これは世界の出来事に対する、極めて妥当な認識、当たり前中の当たり前を述べたものだ。一〇年前と今とでは世の中は変化している。自分自身だって年をとっている。身体を構成している物質は入れ替わっているし、思想や習慣だって同じではない。世界も人間も生きているのだから、変化するのは当たり前だ。

しかし、その一方で、我々の気持ちは変化の事実を受け入れにくい。だからこだわりが生じ、変化したものを変化していないかのように考えようとして余計な苦しみを生じてしまう。
それゆえに仏教は、まず万物の変化を最も基礎的な事実として認識すべきであると、道理のイロハを説いているのである。変化はダイナミックな宇宙の本質なのであるから。

変化と無変化

もちろん、変化の相の裏には無変化の相もある。自分自身について言えば、十年前と今との間に継続する何か、つまり自分自身の「自己同一性（アイデンティティ）」を感じている。この無変化の何かを土台にして、変化した部分を眺めて「変化した」と言っているのである。もし何もかも変化してしまったのであれば、昔と今とを比較して「変化した」と言うこと自体も無意味になってしまうだろう。

諸行無常の「行（サンスカーラ）」とは、「もの」に相当する言葉だが、「行」という字面からも分かるように、すでに動き（行ない）を含んでいる。それは、毎瞬毎瞬生まれては消えていくダイナミックなエネルギーとしての存在だ。

自分自身を、毎瞬毎瞬生まれては消えていくエネルギーのようなものとして考えてみてほしい。じっと瞑想《めいそう》しているときにおいてさえ、自分はどんどん変化している。そういう変化のただ中で、自分というアイデンティティが、ぼうっと浮かび上がっている。静止したアイデンテイティは存在しない。

究極の目標はクリアな認識

壊れた玩具を見ていつまでも泣いている子供を思い浮かべてほしい。その子供は「壊れた」という変化の事実を受け入れられない。これに対して大人は「壊れたものは壊れたものだ」と割り切ることができる。子供もまた、結局は壊れた事実になじみ、やがては泣き止むことになる。

仏教の視点から見るならば、我々大人もすべて子供のようなものだ。つまり、地位、名誉、財産、仕事、能力といった「玩具」に固執し、その変化や衰退を認められないのである。もちろん、自分の財産や会社や家族が損失を被ったときに、へっちゃらでいられるはずがない。そんなことはお釈迦さまだって分かっている。

仏教は、すぐにも諸行無常を認めよ、済んだことは諦めよ、と人々に強要することはない。だが、究極的現実はやはり諸行無常（あらゆるものは変化する）なのである。仏教はこの究極的現実を静かに指し示しているのだ。

二　諸法無我《むが》——こだわるな

無我（アナートマン）

ものと自分を切り離す

諸行無常「あらゆるものは変化する」と並んで有名なのが諸法無我「あらゆるものに我はない」だ。この言葉はちょっとややこしい。歴史的経緯があって、この言葉は二つの異なる意味合いに解釈されている。

第一は、無我というよりも非我というべきもので、「あらゆるものは我（自分）ではない」という解釈だ。要は、ものと自分とを切り離せ、ものに固執するなということである。

ものと自分とは異なるというのは、当たり前の事実である。しかるに、人間はこの当たり前の事実が受け入れられない。ものと自分とを強固に結合させてしまう。

一番分かりやすい例は、玩具に固執している子供だ。「あれ買ってー」「これ買ってー」と泣きわめく。その玩具がないと生きていけないと言わんばかりだ。大人はそれを見て「どうせすぐ飽きるくせに」と思う。

あらゆるものには主体がない

第二の解釈は、「あらゆるものは我をもたない」というものである。つまり「我」といったような一貫した同一性、不変のアイデンティティはないということだ。たとえばパソコンにはパソコンとしての同一性があるように思えるが、しかし、それは人間がそれを機能させている限りにおいてそうだということである。パソコン自体は部品の集まりであり、すぐにも解体できてしまう。組み立てブロックのレゴでつくった自動車や家のようなものである。レゴそのものはバラバラのプラスチック片だ。

第二の解釈「あらゆるものは我（＝不変のアイデンティティ）をもたない」というのは、諸行無常「あらゆるものは変化する」と表裏一体である。レゴで組み立てた自動車はやがて解体されてロボットか飛行機に組みなおされるだろう。変化してやまない。不変のアイデンティティはない。

そして変化してやまないからこそ、そこに固執してはいけないわけであり、第一の解釈「あらゆるものは我ではない」が生きてくるという次第である。いずれは壊れてしまう玩具に対して、それを自分の分身だなどと思い入れてはいけない。

というわけで、諸法無我の教えのポイントは、結局、我執の断ち切りにあるということになる。

「我」というこだわり、執着は、余計な苦を背負い込む原因となるので、仏教ではそうした我執を一回断ち切ることを勧める。どんなものも変化してやまないし、どんなものも自分ではない。

大切なのは錯覚を取り払うこと

繰り返しになるが、こうした断ち切りが一瞬のうちにできるようになるなどとは仏教は教えていない。事実は諸行無常・諸法無我である。だが人間の気持ちはそのようにできていない。

こんな話がある。

あなたの鼻先で巨大な振子が揺れている。高い天井から吊るした巨大な分銅があなたの顔をめがけてまっすぐ飛んでくる。

さて、分銅にどんなに勢いがあったとしても、自ずから止まって引き返す地点がある。中央から向こう側に一〇メートルの地点で振子が振り下ろされたのならば、中央からこちら側に一〇メートルの距離を保てば、あなたがノックアウトされることはない。しかし、たとえ物理学者でも、見た目の勢いに負けて、思わずのけぞってしまう。

我々修行中の凡夫は、この、真理よりも感情によって行動してしまう物理学者に似ている。

物事には執着すべき実体はないというのが真理だと知っていても、それに基づいて無執着に生きることがすんなりとできるわけではない。事あるごとに動揺し、身をのけぞらせる。しかしだからといって、物事には執着すべき実体がないという真理が崩れ去るわけではない。

修行というのは、何かをつくり上げることではない。ボディービルのようなものではない。むしろ単純な物理的事実にまで自分の気持ちを落とし込むためのものである。パワーを身につけるのではなく、錯覚を取り払うのが修行である。足し算ではなく引き算なのだ。

三　一切皆苦――生命の構造

『ムーミン』の厭世哲学者

「人生は苦だ！」……こういうことを言うと、嫌な顔をする人もいるかもしれない。これから陽気に騒いで楽しくやろうというときに、こういう辛気臭いことを言われるのは嫌なものである。気持ちは分かる。

大人にも人気のある童話『ムーミン』シリーズに、じゃこうねずみというキャラクターが出てくる。厭世的なことばかり言って役にたつことは何もしない哲学者だ。ムーミンたちに太陽系がいかにちっぽけかを説明して「地球なんぞは、ほろびようとほろびまいと、ほんの小さいことなのが、おわかりじゃろ」と言って、陰気な笑いを浮かべる（下村隆一訳『ムーミン谷の

苦（ドゥフカ）

彗星』）。

じゃこうねずみのキャラを造形したのは、作者のトーベ・ヤンソンである。だから陰気な哲学を披露しているのは実はヤンソンさんである。ヤンソンさんは彗星や洪水で滅びかかるムーミン谷を描いている。しかし、それでもなお屈託なく生きるムーミン一家、スナフキン、スニフ、ミムラねえさん、ミイ、ヘムレンさんの冒険を描いているのも同じヤンソンさんである。同じ作者が前向きの哲学も説いているのだ。

『ムーミン』シリーズには人生の陰も陽もある。陰を描いているからといって、ヤンソンさんのことを陰気な奴だと言って責める人はいないだろう。

ヤンソンさんの頭にムーミンのイメージが生まれたのは、第二次世界大戦中のことだ。フィンランドは大国のナチスドイツとスターリン支配のソ連とに翻弄され、たいへん苦しい思いをした。その記憶が彗星だの洪水だののイメージとなってムーミン谷を脅かし続けている。これがヤンソンさん流の「人生は苦だ！」である。

日本人であれば、我々が地球で一番地震や火山噴火の危険にさらされている国に住んでいることを片時も忘れることはできない。今日は楽しく暮らしていても、明日はどうなるか分からないというのは、もしかしたら我々の体質の中に染み付いた教訓であるかもしれない。そう思うとき、「人生は苦だ！」はいたずらに辛気臭い言葉ではなく、ニュートラルな真理だと思えないだろうか。

まして、ブラック企業に搾取され、仲間からいじめられ、日々の生計をたてるのも難しく、あまつさえ病苦を抱えているようなとき、「人生は苦だ！」はそのまま生活実感であるはずだ。そのような境遇に置かれている人々は無数にいる。

生命は必然的に苦を呼ぶ

仏教が無常や無我と並んで苦の認識から出発しているというのは、非常に重要なことである。というのは、人間は生命体である以上、必ずや生命を脅かされる危険に囲まれているからだ。生命の消失（死）も苦であるし、生命活動の抑制や抑圧も苦であり、感覚器官を通じての文字通りの苦痛もある。生命は苦を避けて楽を求めるようにできている。こうした身体的な構造の上にたって、意識や精神といった面においても、死や抑圧や苦痛を予測することによる不安や苦悶といった苦の世界が構築されている。これが意識ある生命体としての人間の根本条件である。

仏教は、この根本条件から出発する。哲学や宗教が人間の根本条件から出発すべきものだとすれば、「一切皆苦」をキーワードとする仏教は、その最も基礎的な土台の上に展開した哲学・宗教であると言えるだろう。今日、キリスト教文化圏の知識人の間にも仏教の影響が著しいのは、仏教思想のもつこうした根源性による。

悪循環からの脱出

仏教は苦からの脱却を約束する道である。たとえば争いが起きそうなとき、争いを煽り立てるのではなく、鎮める方向に作用する。人生に不安があるとき、不安だと思うことでますます不安になり、恐怖に飲み込まれるという悪循環が起きないようにする。

ポイントは悪循環を避けることである。アルコール依存症の人が不安から再びアルコールに手を出すように、ヘイトスピーチを浴びせられた者がヘイトスピーチで返して無限に炎上していくように、人間は悪循環に陥るのが得意な動物だ。仏教の基本は、悪循環の鎖を断ち切ることである。歯車をこわし、苦の生産マシーンを止めてしまうことである。

四　涅槃《ねはん》寂静——ゴール設定

涅槃（ニルヴァーナ）

涅槃には二重の意味がある

出発点が苦だとすると、終着点は苦の消失である。これが涅槃《ねはん》だ。涅槃とは火が消えた状態を意味する言葉である。インドの古典文語（サンスクリット語）でニルヴァーナ、東南アジアで仏教語として用いられるパーリ語でニッバーナという。それを漢字音に変えたのが涅槃である。

伝説では、開祖の釈迦は菩提樹の下で瞑想することで、苦の原理を発見し、それによって苦を乗り越え、悟りを開き、涅槃に達したという。

しかし、もちろんそれは精神的な苦の悪循環から離脱したということであり、病苦のような物理的な苦痛から自由になったわけではない。釈迦が悟りを開いたのは三五歳のときだとされるが、八〇歳になって食あたりで亡くなった。基本的には老衰だろう。老衰によって身体機能が不全になって、最後のきっかけとして食べ物が消化できず下痢をして死んだということのようだ。いずれにせよ、当時としては——なにせ二五〇〇年前である——長生きであった。

生命体は常に破壊の危険にさらされているから、文字通りの苦は生命につきものである。だから釈迦も死んで初めて完全なる涅槃に達したとされる。だから涅槃には二重の意味がある。悟って苦の悪循環を精神的に乗り越えることと、悟りを抱いたまま死ぬことである。

四諦・八正道——四つの真理と八つの修行メニュー

ともあれ、涅槃という言葉は仏教の修行の到達目標を示す言葉である。それは苦の悪循環から逃れた状態だ。第二章で紹介した四諦《したい》（四つの真理）をもう一度ここに書こう。

苦諦《くたい》　あなたの人生には苦があります。
集諦《じったい》　煩悩が集合して苦をもたらしています。
滅諦《めったい》　苦を取り除いた生活を目指しましょう。
道諦《どうたい》　そのための処方箋を書きます。

このうち滅諦の示すものが涅槃に相当する。煩悩が悪循環を起こして苦をもたらしているので、修行によって煩悩を解きほぐして、すっきり迷いのない状態——涅槃——を達成しましょう、というのである。

それができたらブッダ（悟った人）になれる。ブッダが現れたらきっとニュースになるだろうが、そういう話は聞かれないので、逆に言えば、涅槃を実現することはほとんどあり得ないということだ。

生命そのものが絶えず破壊の可能性に囲まれているのだから、そんな中で苦の不安にさいなまれず、欲望の落とし穴からも自由に生きるなんてことは、生きている限りはほとんど不可能であろう。

第二章にも書いたが「釈迦もダルマも修行中」とはこのことを意味する（↓45ページ）。苦を脱却する修行は永遠に続くのである。

ちなみに、四諦の最後にある道諦（処方箋）として、古代から八つの項目が挙げられている。これを八正道《はっしょうどう》という。

思想的指針

①正見《しょうけん》　四諦という根本的展望を忘れない

②正思《しょうし》(惟)　煩悩や怒りや人を害する思考に走らない

生活上の指針

③正語《しょうご》　虚言や妄言、乱暴な言葉遣いを避ける

④正業《しょうごう》　殺生・偸盗《ちゅうとう》・邪淫《じゃいん》といった行動を避ける
⑤正命《しょうみょう》　極端を避けた適切な衣食住を保つ

瞑想上の指針

⑥正精進《しょうしょうじん》　善に向かい悪を避けようと努力する
⑦正念《しょうねん》　心身の現象を絶えずチェックする
⑧正定《しょうじょう》　欲望を離れるための適切な瞑想を行なう

東南アジアのテーラワーダ仏教はこれを基本の修行メニューとしている（なお八正道については92ページも参照のこと）。

五　輪廻転生――死後のファンタジー

苦に満ちた六道輪廻

輪廻については第二章のポイント3で説明した。これはインド人が共通してもつ世界観だ。人生はこの世だけで終わらない。そしてあの世も一回こっきりではない。人生は無限に続く。とくに仏教では六道輪廻といって、生物はいずれも地獄、餓鬼、畜生、阿修羅、人、天の六つの空間の中をぐるぐる回り続けるというふうに主張してきた。この六種は、空間なのか、生物の種類のようなものなのか、人生の境遇の比喩のようなものなのか、厳密には判然としない。

　ちなみに悟ったブッダはこの輪廻を卒業したというふうにも想像された。つまり、古代インドの仏教徒の想像の中では、生きることは（死後の生も含めて）そのまま輪廻とイコールであり、そしてそれは苦に満ちている。他方、苦から離脱することすなわち涅槃に入ることは、輪廻の堂々めぐりから卒業することとイコールということになるのである。

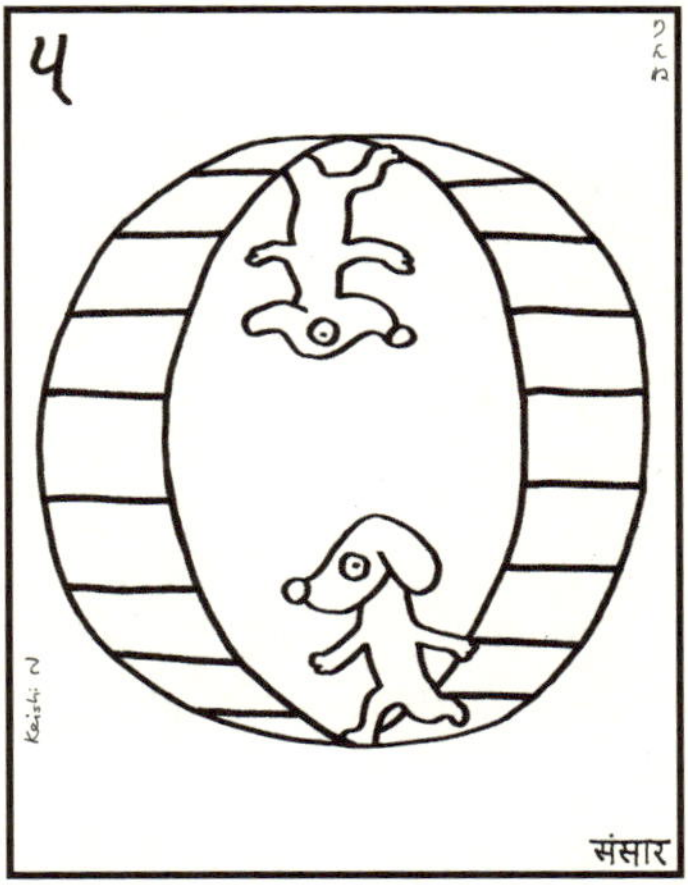

輪廻（サンサーラ）

　日本仏教徒が輪廻転生をどこまで文字通りに信じてきたのか定かではない。第二章で説明したように、どうせ分かりっこない死後の世界についてあれこれ心配すること自体が原理的に言って悟りとは逆向きのベクトルであり、その限りで非仏教的だとも言えるからである。

インド人的世界観

とはいえ、インド人がこの世界観を自然に受け入れていることは事実であり、古代インド人も輪廻があることを疑っていなかっただろう。経典もすべて輪廻があることを前提として書いてある。

仏教徒が特別に修行する出家者とふだん通りの暮らしをする在家者の二つのカテゴリーに分かれているのは、もとはと言えばインド人が輪廻を信じることができたからだ。つまり人生は死後も延々と続くのだから、今ただちに修行しなくても決定的なダメージにはならない。今生では在家者の側に回って、出家者をサポートする――托鉢《たくはつ》のご飯をサービスしたりお寺に寄進したりする――というのも、十分に賢い生き方だと考えられるのである。

来世の善し悪しはすべて今の自分次第

輪廻転生の図式は基本的に倫理的なニュアンスを帯びている。すなわち、善い人生を送れば、その業（カルマ）によって来世も善くなる。悪しき人生を送れば、その業があなたの足を引っ張って悪しき来世へと転落する。まずくすると地獄行きだ。仏教では地獄は最終の行き先ではなく、「ひどい来世」のことである。地獄体験ののちにまた善い生に向かうことは可能だ。

現世の過ごし方次第で、来世の境遇が決まるという構図は、キリスト教などの天国・地獄の構図と同じである。ただしキリスト教の天国と地獄は最終的な行き先であり、その後さらに向かうところはない。

しかもキリスト教の場合、死後の状態を振り分けるのは、神様キリストの審判の働きである。仏教の場合、ブッダが審判を行なうことはない。ブッダは修行者の見本として我々を鼓舞し、希望を与えるばかりであり、悪い奴を自ら率先して地獄に落とすことはない。

芥川の『蜘蛛《くも》の糸』においても、救いのロープである蜘蛛の糸は、カンダタの業のゆえに自然に切れるのであって、釈迦が意図的に切ったわけではない。

仏教の神話において、審判の役割を果たすのは閻魔《えんま》である。これはインド神話に出てくる最初に死んだ人間、ヤマが冥界の王として審判者の役を果たしているのだ。

文化によって違う臨死体験者の話

話は飛ぶが、臨死体験をしたインド人は、ヤマの審判の場面を見ることが多いという。インド人の脳裏において輪廻における審判というのが深刻な人生のテーマになっているのであろう。日本人の臨死体験者はふつう閻魔様のビジョンは見ないようだ。代わりに三途《さんず》の川を渡って花園のようなところに行き、死んだ身内と再会したりする。日本人にとっての死後とはそのようなものなのだろう。西洋人の場合は光のトンネルを抜けてキリストのような人に迎えられたりする。審判を受けたり地獄に堕ちたりすることは少ないらしい。

日本仏教でも現代西洋のキリスト教でも、地獄で人を脅したりするのは良い趣味とは思われていない。地獄を説いている者の意識の中にこそ地獄の種があるからだ。

六　中道——極端を避ける

快楽と苦行を超えて悟る

中道（マディヤマー・プラティパット）

さて、仏教者は無常、無我、苦の現実から出発し、それに飲み込まれる悪循環を避けるべく、心を平静に保つ修行を続ける。そしてそのやり方の根本方針は、お釈迦さまの時代から中道と決まっている。快楽と苦行の両方の極端を避けるのである。

この立場は、開祖の釈迦の伝記の中に象徴的に表現されている。

釈迦はインドの王族の家に生まれた。王子様だから王宮で豪華で快楽に満ちた生活を送る。だが、鋭敏な王子は、快楽生活があくどいものであることを痛切に感じた。人間はすべて老い、病気になり、死ぬことを思うと、快楽なんかどうでもよくなった。

そこで王子は王宮を抜け出し、苦行者の群れに入って、悟りのための苦行に励んだ。それは過激な荒行であり、ほとんど骨と皮のようになってしまう。鋭敏な王子は、ここでも身体を痛めつけるのは本末転倒だと気付いて、苦行生活を離れた。

かくして王子は菩提樹の下で穏やかな瞑想に専心するようになり、その中で宇宙と人生の真相について思いをめぐらしているうちに、悟りを開いた。

これは寓意的《ぐういてき》フィクションと思われるが、ポイントは、快楽と苦行のどちらの極端に走ってもいけない、ほどよい中道の中に悟りがある、という教訓を示すところにある。

千尋とカオナシの「中道」

「中道」と言えば思い出すのは、ジブリアニメの『千と千尋の神隠し』である。その中のワンシーンに「中道」という文字が登場するのだ。

主人公の少女・千尋は、お化け屋敷のような「神々のお湯屋」で湯女の見習いとして働かされる。ここはブラック企業のようなところで、千尋にとっては苦行である。

他方、カオナシと呼ばれる化け物がお大尽として従業員たちに金を振る舞い、酒池肉林のパーティを開いている。食欲と金銭欲のあくどい地獄絵図が展開している。つまり快楽の世界である。

①正見（四諦という根本的展望を忘れない）	妄想に陥らないようにする
②正思(惟)（煩悩や怒りや人を害する思考に走らない）	
③正語（虚言や妄言、乱暴な言葉遣いを避ける）	極端で刺激的な行動や状況を避ける
④正業（殺生・偸盗・邪淫といった行動を避ける）	
⑤正命（極端を避けた適切な衣食住を保つ）	
⑥正精進（善に向かい悪を避けようと努力する）	ポイントに集中する
⑦正念（心身の現象を絶えずチェックする）	
⑧正定（欲望を離れるための適切な瞑想を行なう）	

千尋はこの空間から抜け出す。周囲は海になっている。この海の光景は比類ない美しさだ。あくどい湯屋から抜け出たところなので、まるで大酒を飲んだあとで心地よい微風を顔に受けたときのような爽やかさだ。その海の中を江ノ電のような電車が走っている。その行き先表示板に「中道」と書いてあるのだ。たぶんこれは宮崎監督のウィットだろう。

中道を実現するための八正道

中道実現のための具体的指針が八正道である（↓85ページ）。これは「極端を避ける」ことを基本としている。上の表をご覧いただきたい。

中道を表すイラストでは、ミュージカルで有名な『屋根の上のバイオリン弾き』を描かせていただいた。バイオリン弾きは屋根の上で楽しく音楽を奏でているが、右に振れても転落、左に振れても転落というあやうい状況の中でバランスをとっている。まさしく中道の中に真の答えがあるというのは、洋の東西を問わない知恵なのだろう。

七　縁起——因果と相互性

縁起（プラティーティヤ・サムットパーダ）

縁起①——原因と結果

中道と並んで重要な仏教の基本語の一つが縁起である。「縁《よ》って起こる」という文字の示す通り、これは何かの原因に縁って結果が起こることを意味する。つまり因果（原因と結果）という言葉と基本的に同じ意味である。

サンスクリット語ではプラティーティヤ・サムットパーダと長ったらしく言う（東南アジアの仏教語、パーリ語ではパティッチャ・サムッパーダとなる）。

縁起の第一の意味は、文字通りの因果であり、さまざまな煩悩が原因となって苦の結果をもたらす悪循環の連鎖や、煩悩を取り去ることで苦が解体されていく好循環の連鎖を言う。これは次のようなフレーズで説かれることが多い。

「これがあるとき、かれがある」「これが生ずるとき、かれが生ずる」
「これがないとき、かれがない」「これが滅するとき、かれが滅する」

要するに、不摂生が病気を生み、摂生が健康を生むといったような因果の流れである。あるいはデフレとインフレ、不景気と好景気の経済的因果にも似ている。仏教はもともと人生観に神様を絡ませて考えないので、すべての物事を物理的、心理的、社会的、倫理的な因果関係に還元して考える。神様の意思が入り込む余地はない。

縁起②——相互依存関係

仏教史の途中で登場した大乗仏教においては、この縁起を次の第二の意味で用いる。それは、A→Bという一方向的な因果関係ではなく、A⇕Bという双方向的な関係を意味するものに発展している。あらゆる物事は、もちつもたれつの相互依存関係（相依《そうえ》）にある。大乗仏教ではこうした相互性を強調する。

言語学の明らかにしたところでは、あらゆる言葉は他の言葉との相互関係の中で機能する。分かりやすいのは「兄」「弟」という言葉だ。「兄」がなければ「弟」はない。逆もまた然り。夏あっての冬、冬あっての夏。主観あっての客観、客観あっての主観。こういう対語に始まって、すべての言葉は相互性の中にある。

たとえば「神」という言葉は「人間でもなく、動物でもなく、物質でもなく……」というふうに「神以外のもの」との対比があって初めて意味をなす。キリスト教的に言えば「神あっての人間」かもしれないが、仏教的に言えば「人間あっての神」ということになるだろう。

「執着しないこと」に執着しない

同様に「悟りあっての迷い」「迷いあっての悟り」「輪廻あっての涅槃」「涅槃あっての輪廻」といった調子で、仏道修行そのものの意味も俗世の存在を前提とするものというふうに考えてみよう。大乗仏教はこのように認識している。

相互関係としての縁起を強調する大乗仏教は、「悟り」というものを実体的に捉えてそれに固執することを嫌う。諸行無常で諸法無我であるから何事にも執着しないというのが仏教の基本だが、だからといって悟りの修行に執着したらおかしなことになる、というのが大乗の見解だ。

おそらく仏教の歴史の中で、修行や悟りを鼻にかけた鼻持ちならない修行者というのがたくさん出現したのだろう。だから大乗では「俺は修行者だなどと思うのは修行者じゃない」とか「これは悟りの智慧《ちえ》だなどというのは悟りの智慧じゃない」といった式のことを盛んに言うようになった。

かなり極端なレトリックを用いるのが得意な禅宗では、祖師に逢ったら祖師を殺すとまで言う。

それもこれも、根っこにあるのは縁起（第二の縁起）の哲学である。

派生的な意味

なお、縁起という言葉は、派生的にさまざまな俗な用法も生んだ。「お寺の縁起」というのは、そのお寺がどういういきさつで誕生したかの起源譚のことだ。「縁起がいい（悪い）」「縁起をかつぐ」の縁起はオカルト的な因果のこと。茶柱が立ったから縁起がどうのこうのというやつだ。今日「縁起」と言えばもっぱらこのことを指すが、仏教語としてはもっと哲学的なのである。

八　空——大乗のモットー

空（シューニャ）

枠組みがあっても実体がない「からっぽ」

「そら」ではない。「くう」である。意味は「からっぽ」ということ。サンスクリット語でシューニャというが、これは数字のゼロを表す言葉でもある。

　たとえば１０９という数字において０は十の位を示しつつ、数字的にはそこに何も無いことを示している。このように、枠組みのようなものはあるのだが、実体はゼロであるようなものがシューニャ、空である。

　で、仏教では、あらゆる現象は究極的にはこのシューニャであると見ている。実体としてはゼロだが、そこに存在の枠だけは確保しているようなものである。

　とにかく何かはある。だが、その中身は固定的な実体ではない。（諸行無常「あらゆるものは変化する」、諸法無我「あらゆるものは我をもたない」というのと結局同じ話になるが）実体はからっぽなのである。

捉え難い空は縁起の理論で考える

この空はとくに縁起の理論との関連で語られることが多い。94ページで解説したように、大乗仏教において、縁起というのは、物事がすべて相互関係の中にあることを強調する言葉であった。物事がすべて「AあってのB、BあってのC、CあってのD、DあってのA……」といった調子で相互に依存しあっているのであれば、AならAだけを取り出してきて、そういう実体があるかどうかを論じても空しい。すべては全体として一蓮托生《いちれんたくしょう》の中で現象が起きている。だから個々の要素はすべて実体としてはからっぽである。

そんなわけだから、空というのは、なかなか捉え難い真理である。真理というのは何か絶対的なものであるはずだが、「私は真理を悟った」と思って、何かの教えを絶対だと主張したとき、それは空の観点からは「おかしい」ということになってしまう。そういう緊張あるいはジレンマが常に存在しているということだ。

魔除け代わりにもなる般若心経

般若心経というお経は、この空について説くものだ。その中には「色即是空」というフレーズがあるが、これは大乗仏教の教えの要諦として古来有名なものだ。

「色はすなわちこれ空」つまり「色＝空」と説いているのだが、これは「セックスは空しい」

などという意味ではない。色とは目に見える現象のことで、物質的な意味での「もの」のことだと解釈していい。「空」はからっぽ。「もの＝からっぽ」ということである。

では、精神的な現象（感覚や記憶や知識や感情や思考）のほうはからっぽではないのかというと、これもやはりからっぽである。般若心経はそのことも書いているのだが、フレーズの暗記には余計なダブリだということで、「以下同様」で済ましている。

ちなみに般若心経はしばしば魔除け代わりに読誦《どくじゆ》されるが、「からっぽ」を説いているのだから、魔物への恐れも消えてしまうという次第だ。耳なし芳一が全身に書いてもらったお経も般若心経であった。我々の恐怖の中には妥当な恐怖もあるのだが（たとえば本物の蛇に襲われるとき）、空しい恐怖も多い（たとえば縄を蛇と勘違いしたとき）。「敵が襲ってくる」という恐怖はどこまで本物でどこからが単なる観念ないしデマであろうか。

囚われることで起きる悪循環を避ける

大乗仏教は何もかもが空だと説いているが、これは何もかもがめちゃくちゃに無だと言っているのではない。分子の実体が原子で原子の実体が素粒子で素粒子の実体がエネルギー現象で……と実体は雲散霧消してしまうが、それでも物理現象は現に存在している。それと同じように、社会的な出来事も心理的な出来事も、実体としては空だとしても、現象としては単なるマボロシというわけではない。

たとえば貧困とか憎悪とか病気は間違いなく存在している。それにもかかわらず仏教的には「貧困は空です」「憎悪は空です」「病気は空です」ということになる。それは貧困、憎悪、病気を実体視することで、それに囚われ、身動きがとれなくなることを戒めているのである。

たとえば相手の憎しみを実体視すると、こちらも相手の憎しみに応じた憎しみを抱くことになる。それがさらなる憎悪を招きよせる。そうした悪循環を仏教は避けようとしているのだ。常に気持ちをゼロに切り替えよという実践的な誘いを行なっているのである。常にゼロ（シューニャ）を思考や感情のデフォルトにせよと言っているのである。

九　六波羅蜜——大乗的生き方
究極の智慧を説く六つのハラミツ

般若心経はよく知られたお経だが、これを長く言うと般若波羅蜜多心経と呼ぶこともご存じかもしれない。般若（サンスクリット語でプラジュニャー）とは智慧のこと。波羅蜜多（サンスクリット語でパーラミター）とは究極ということ。究極の智慧の心髄《ハート》を説いたお経がすなわち般若波羅蜜多心経である。

この究極の智慧とは97ページに書いた空（からっぽ）のことである。つまり般若心経は空を

布施波羅蜜（ダーナ・パーラミター）

説くお経だ。

さて、この波羅蜜多であるが、これはしばしば短く波羅蜜と書かれる。そしてこの波羅蜜は般若の波羅蜜の他に、さらに五種類が挙げられるのがふつうだ。究極の智慧の他に、究極の〜が五つあるのだ。

布施波羅蜜　（究極の「与え方」）
持戒波羅蜜　（究極の「戒の保ち方」）
忍辱波羅蜜　（究極の「辛抱の仕方」）
精進波羅蜜　（究極の「努力の仕方」）
禅定波羅蜜　（究極の「瞑想の仕方」）
般若（智慧）波羅蜜　（究極の「智慧」）

この六つを六波羅蜜という。仏教は修行の宗教であり、修行者が戒めのポイントを暗記するという習慣があり、こんなふうに箇条書き的に羅列した概念のセットをたくさんもっている。

すでに紹介した四諦や八正道などもその例である。

四諦・八正道は最も古い段階からの仏教の根本的教えとされているが、歴史の途中で出現した大乗仏教の修行者の心得はこの六波羅蜜ということになっている。

シンプルで柔軟性のある戒め

大乗仏教とそれ以前の仏教との大きな違いは、古い段階の仏教は出家修行に焦点を絞っていたのに対して、大乗仏教では一般民衆の救済を重視していることである。だから大乗の修行者は、一般社会の中でいっそうフレキシブルな形で修行を進めることを目標とし、そのための行動指針をこの六波羅蜜に求めた。

六波羅蜜は何を行なうにも「究極の」やり方で行なえという指針である。そしてこの「究極の」の内容を定めるのが般若波羅蜜、究極の智慧である。それは「空」の智慧に他ならない。

つまりこういうことだ。人にものを与えるとする（与えることを布施という）。そのとき、空（からっぽ）の精神で与える必要がある。

お中元でもバレンタインチョコでも、たいてい「与える」というのは嫌味なものである。義理チョコという言葉があるように、与える行為には義理がつきまといがちだ。受け取ったほうでも義理を感じてしまい、それが負担になる。チャリティーの寄付でも、「俺は○○円も寄付した」という偉そうな気持ちがどうしてもつきまとう。

仏教ではこうした余計な負荷抜きで、単純に、シンプルに、ものを与える（余っているA氏から必要としているB氏に移動させる）ことを理想とする。それが「からっぽ」である。与える主体も空、与えられる主体も空、与えられる事物も空である。

これを「究極の与え方」、布施波羅蜜という。

これは、たとえばアドバイスを与える、レクチャーする、といった場合についても言える。お坊さんは民衆に偉そうに説教してはいけない。ただ単にニュートラルに即物的にサラリと事柄そのものを教えてあげる。教えるほうも空、教えられるほうも空、教える内容も空だ。

こういうサラリとした気持ちで、世の中を渡り歩いて人々に仏教の智慧を広めていくのが、大乗仏教の理想である。

大乗とは「大きな乗り物」のことで、民衆全般に仏教の救いを広める運動のことである。民衆の間に入っていくので、どうしてもコンパクトでフレキシブルな行動指針が必要となる。それが六種類の「究極の〜」なのである。

一〇　菩薩――ヒーローのような求道者

菩薩（ボーディサットヴァ）

菩薩の三つの意味

菩薩《ぼさつ》は菩提薩埵《ぼだいさつた》の略。サンスクリット語ではボーディサットヴァである。意味は「悟りに向かう存在」。悟ればブッダ（悟った存在）だが、その一歩手前まではボーディサットヴァということになる。

菩薩という言葉は、具体的には次の三つのものを指す。

第一は、悟る前の釈迦のことである。仏教は二五〇〇年前にインドの釈迦が悟って開いた修行運動である。悟った釈迦については敬意を表してブッダ（目覚めた者、悟った者）という称号で呼んだ。釈迦は王族の生まれで、王子様として王宮暮らしをしていたが、この段階の釈迦のことをブッダと呼ぶわけにはいかない。そこで悟りを開く以前の釈迦については、前世の部分も含めて菩薩と呼ぶことにしたのである。

第二は、大乗仏教の求道者を菩薩と呼ぶ。大乗仏教は自ら釈迦にならって民衆救済に励もうと誓う者たちの運動だ。だから大乗を担う気概のある者たちは、みな自らを菩薩と号することになった。法華経によれば、あらゆる生物は輪廻の中で究極的にブッダに向かおうとしている。ほとんどの者は前世のことなど忘れてしまっているが、遠い過去の生まで思い出せば、自分がブッダに向かう途上の求道者すなわち菩薩であったことに気付くはずなのである。

日本で偉い坊様のことを菩薩と呼んだりするのは、こういうビジョンがあるからだ。偉くなくても、自覚さえあれば菩薩である。美輪明宏さんが、私の住んでいる町にも講演にいらっしゃったので聞きにいったところ、やはり、誰もが菩薩である、というようなお話をしていた。にくたらしいロクでなしの旦那だってボサツだと思ってみなさい、というようなお話であった。

第三は、瞑想のビジョンの中に現れた、聖者のような存在としての菩薩である。第二の大乗の求道者をファンタジー的に理想化したものだとも言える。観音菩薩、弥勒菩薩、文殊菩薩、地蔵菩薩……といった面々だ。我々がふつう「菩薩」と聞いて思い浮かべるのは、こうしたきんきらきんのスーパー菩薩たちである。

大乗仏教の宇宙には無数のブッダがいる（釈迦、阿弥陀《あみだ》、大日……）が、同様に無数の菩薩がいる。

スーパー菩薩の活躍

こうしたスーパー菩薩というのは、キリスト教で類似の存在を探すとすれば、いわゆる聖人がそれにあたるだろう。

聖人は古代から現代までの超敬虔なる信者、信者の鑑《かがみ》のような人々のことで、あくまで人間ではあるものの、死後も神様のもとで地上の人々のために、さまざまな援助の手を差し伸べている。いわゆる守護聖人として、人々の願いを聞きいれてくれる準・カミサマのような存在が聖人だ。聖バレンタインは恋人の、聖ニコラオスは子供の、聖フランシスコは生態系の、聖パトリックはアイルランドの守護聖人だ。

仏教の菩薩も、ブッダ以上に細やかに救済運動を行なう。観音菩薩などは三十三の姿に変身して人々を救う。だからそのへんにいるふつうのおじさんもおばさんも、あるいは子供でさえ、実は変身した観音の姿かもしれない。救いのメッセージは誰の口から発せられるか分からないのだ。

スーパー菩薩の信仰は、お伽噺《とぎばなし》かファンタジーのように思われるかもしれないが、こうした「神々」の姿を思い浮かべるのは想像力のトレーニングとなるだろう。結局、仏教では多かれ少なかれすべてが修行である。菩薩のビジョンの瞑想をただの幻想とするか、洞察の機会とするかはあなた次第なのである。

観音が救ってくれるというのは、言い換えれば、どんなに絶望的な状況でも希望を捨ててはいけないということだ。絶望や恐怖に飲み込まれないこと。これは立派な仏道修行である。

菩薩やブッダは日本の神々の姿で出現することもある。江戸時代の日本にはあちこちに寺院や祠堂《しどう》があふれかえっていた。迷信深い光景のようにも思えるが、世の中三六〇度どちらを向いても救いや教えの予兆に満ちていたということである。すべてがビジネスの合理性で割り切られた今日の社会よりも、イマジネーションの幅が広かったと言うべきだろう。

一一　釈迦と阿弥陀――救いの源泉
釈迦は娑婆に、阿弥陀は極楽にいる

釈迦（シャーキャムニ）／阿弥陀（アミターバ）

ブッダにもいろいろあるということは、すでに第二章のポイント4で説明した。ブッダ（仏陀、仏）のことを如来とも呼ぶことについてもすでに述べた。奈良の大仏は毘盧遮那《びるしゃな》如来、鎌倉の大仏は阿弥陀如来なのであった。どちらも開祖の釈迦とは別のブッダだ。曼荼羅《まんだら》の真ん中に描かれるのも釈迦ではない。これは大日如来だ。

ブッダとは開祖の釈迦をモデルに描いた仏教における究極の理想像だから、いずれも似たり寄っ

たりだとは言える。だから、今日の日本人は仏像を見てもどのブッダかなんて区別はほとんど気にしていないだろう。『蜘蛛の糸』を書いた芥川も、釈迦と阿弥陀を混同している。極楽にいる釈迦と書かれているが、いちおう仏教の神話的ビジョンでは、極楽世界にいるのは阿弥陀と決まっている。

では、釈迦はどこにいるのかというと、娑婆《しゃば》世界である。つまり我々の知るこの宇宙だ。我々の世界は比較的苦労の多い世界だということになっていて、だから、比喩的に厳しい浮世のことをシャバと言う。監獄のほうが安全圏だから、囚人は監獄の外をシャバと言うのかもしれない。

現代日本において勢力のある宗派として、阿弥陀ブッダを信仰する浄土宗・浄土真宗などの浄土系宗派と、釈迦ブッダを信奉する日蓮宗や日蓮系新宗教教団（霊友会、立正佼成会、創価学会など）がある。だからここでは阿弥陀と釈迦をめぐる神話的ビジョンを紹介しよう。

阿弥陀の神話

無量寿経には次のような神話が書かれている。昔、ある菩薩が誓いを立てた。自分は修行の末にブッダになったら、極楽という名のパラダイス（浄土）を創造しよう。そして私のことを念じる者たちをみな極楽に招き入れよう——。

そしてこの誓いは実現した。今日、阿弥陀ブッダを真剣に念じる者たちは、死後に極楽にワープ（往生）する。

先ほど述べたように、この世界は娑婆と言って苦労の多い世界だ。だからここで修行するのは容易ではない。しかし死後に阿弥陀の浄土である極楽に行けたなら、そこは聖書で言うエデンの園のようなところだから安心してゆったりと修行ができる。

エデンのような楽園に行ってもまだ修行するというところが、仏教らしい。

しかし、この神話はやがて形を崩し、人々は極楽に行くこと（往生）をそのままハッピーなゴールと考えるようになった。つまり、「阿弥陀を念じる（念仏）」＝「極楽に行く（往生）」＝「修行を完成して安らう（成仏）」というふうに、この三つの項が限りなく等価なものと見なされるようになった。阿弥陀を念じるにはさまざまなやり方があるが、今日ふつうに行なわれているのは「南無阿弥陀仏（私は阿弥陀ブッダに帰依します）」と口で唱えることだ。これをふつう念仏と呼んでいる。

釈迦の神話

さて、次は法華経に描かれた釈迦をめぐる神話的ビジョンである。これによると、歴史上の釈迦（二五〇〇年前にインドに現れて八〇歳で亡くなった開祖）は、仮初めの姿である。釈迦の本質は宇宙的な永遠のブッダ（久遠の釈迦）である。限りなく遠い過去に悟りを開いて限りなく遠い未来まで人々を援助し続ける神様のような存在が釈迦の本体なのだ。

この釈迦は二五〇〇年前にインドの王子として生まれて人々に悟りの道を示したが、実はそれ以前、限りない過去から我々衆生にトレーニングを施している。我々は過去の生においてどこかで釈迦のお世話になっている。だからみんな釈迦のファミリーだということに気付いて、釈迦にならって菩薩の道を歩み続けるべきなのだ。つまり人々を手助けする道である。人類はみな兄弟なのだ。ジョバンニのように「どこまでもどこまでも」救済の道を進もうと目覚めることが大事である。

この「真実」を説いているのが法華経なのであるから、この法華経こそが救いの源泉であると信じて、みなで「南無妙法蓮華経（私は法華経に帰依します）」と唱えよう、という次第である（「妙法蓮華経」は法華経の正式タイトルで、タイトルのことを漢語で題目と言う）。

というわけで、浄土系宗派（「南無阿弥陀仏」）と、日蓮系宗派（「南無妙法蓮華経」）とでは、信仰を振り向ける対象であるブッダが異なっているのだ。

一二　他力本願――自己の裏側
仏教における自力と他力の意味

念仏（ブッダ・アヌスムリティ）

自力とは悟りのために自分で頑張ること。他力とは阿弥陀ブッダのような他者の救済力（を借りること）。俗にタリキホンガンというと、他人に甘えて自分では何もしないことを意味するが、これは言葉としては本来誤用である。

修行のために努力するのは立派な行為だとしても、「私が修行するんだ」「私が救われるんだ」と「私」「私」「私」を意識するのは、仏教的には本末転倒ということになる。自己中心を脱却するのが、仏教の悟りの道だからである。

だから悟り（救い）の道に一歩近づくというのは、自分で勝ち取った成果というふうに意識するのではなく、いわば救いのカミサマから与えられた恩寵《おんちょう》のように感じるのが望ましい。

そこで自力中心の図式のポジとネガをひっくり返して、カミサマ中心の図式で捉えるとき、それが他力信仰ということになる。

阿弥陀信仰によれば、阿弥陀さまがすべての救いの源泉である。あなたはただ阿弥陀のパワー（他力）によって救いの網にひっかかり、思わず念仏を口にし、そして知らぬうちに極楽浄土に再生するのである。

阿弥陀は「私はみなを救ってやるんだ」と誓ったというが、この阿弥陀の願いを本願という。それで他力本願と言うのだ。

世俗の世界では「自分で頑張る」と「他者を頼む」が反対概念となるが、宗教の世界ではそうはならない。仏教ではどのみち今の自分を抜け出すのが目標となるから、「自分で頑張る」といっても世俗のそれではない。「他者を頼む」といっても、その他者は親とか先輩とか篤志家とかいったニンゲンではなく、瞑想の中に現れる神的存在としてのブッダなのだ。

ビートルズがたどりついた、レット・イット・ビー

往年のビートルズの名曲に『レット・イット・ビー』というのがあって、苦しいときにマザー・メアリーが出現して「レット・イット・ビー(なるがままにしなさい)」と諭したと歌われている。この「あなたにお任せ」モードはとてもおもしろい。ビートルズはヒンドゥー教系の新宗教であるマハリシ・マヘーシ・ヨーギの教団に一時凝ったりしていたが、東洋宗教のヨーガとか瞑想とかを好んだ。そしてたどりついたのが、母神的な存在(母メアリーでも聖母マリアでもある)を信じ、自己中心を離れて「なるがままに任せる」という境地であったというわけだ。

まあ、仲間割れをしたりしてすったもんだの中の話であるから、彼らが「悟った」とは言い難いだろうが、文化的ビジョンとしては、仏教を含む東洋宗教の影響を多分に受けていることは間違いない。自我意識が強くて自力一辺倒に見える西洋人も、こんな形で他力の恩恵を歌っているのがおもしろいと思った次第である。

お任せモードで自己中心から脱却する

なお、阿弥陀を信じる浄土真宗の開祖である親鸞には、『歎異抄《たんにしょう》』というおもしろい語録がある。その中で親鸞は、徹底的にお任せモードの発言をしている。

たとえば、念仏を唱えると極楽に行くというのが真実かどうかは分からないけれど、自分としてはかまわないと言っている。親鸞の先輩は法然（浄土宗の開祖）だが、この先輩にだまされて地獄に堕ちることになったって別にかまわないというのだ。

『歎異抄』の中では「悪人こそが救われる」という説（悪人正機説）がよく知られているが、法然も同じことを言っているから、これは親鸞のオリジナルではない。ともあれ、神話世界の阿弥陀の意図としては救い難い奴をこそ救おうとしているのだから、たしかに善人よりも悪人こそが救済対象の第一候補であるに違いない。

この言葉を心理的に解釈することもできる。善人は自分なりの努力ができるので、自分を誇りやすい。悪人はダメ男、ダメ子だからどん底まで落ちてしまったわけで、まさしく阿弥陀にすがるしか道はない。これは自己中心の脱却という仏教の目標に適《かな》っている。

　話のポイントは自己中心からの脱却である。「俺が」「俺が」と気張っては元も子もないのだ。こんなのは芸の道でもスポーツでも同じだろう。私の技を見せてやると気張ると……四回転ジャンプもコケてしまうのだ。「私」のことは忘れるべきなのである。

一三　諸法実相――社会的リアリティ

諸法実相（ダルマ・スヴァバーヴァ）

みなが仲間であるという法華経の信仰

　南無阿弥陀仏が浄土系の信仰のキーワード（念仏）で、南無妙法蓮華経が日蓮系の信仰のキーワード（題目）だということは38ページで解説した。それぞれ拝んでいるブッダも阿弥陀（浄土系）と久遠の釈迦（日蓮系）と違いがあるのであった。

　その日蓮系の信仰であるが、これは釈迦が究極の真理として説いたとされる法華経（妙法蓮華経）に対する信仰である。

では、法華経のどこがそんなに有り難いのかというと、これは「すべての生き物が最終的に修行を完成させること（成仏）」を保証し、「永遠のブッダ（久遠の釈迦）」が遠い過去から遠い未来まで我々修行者を見守っていることを約束するお経なのである。これはまさしく神話的ファンタジーであるが、話のポイントは、いかに境遇が異なろうとみながブッダの因子を備えており、釈迦ファミリーとして究極の仲間である、という主張にある。

「みみずだって、おけらだって、あめんぼだって、みんなみんな、生きているんだ、友達なんだ……」という唱歌は、極めて法華経的である。小学生の自然教育を兼ねているからみみずやおけらが出てくるが、これをさまざまな境遇の人間たちに置き換えてもいい。「日本人だって、フランス人だって、ジンバブエ人だって」とか「貧乏人だって、金持ちだって、中産階級だって」とか「病人だって、健常者だって、障害者だって」とか「仏教徒だって、クリスチャンだって、ムスリムだって」とかいろいろ置き換えていって、そのすべてをひっくるめた全体を「ブッダの因子を備えた者」として対等に見るのである。

手塚治虫の『ブッダ』

こうした生命の連帯感のようなものが法華経にはあるのだが、その様子をシンボリカルな絵にすると、次ページに載せた手塚治虫の『ブッダ』の一コマのようになるだろうか。手塚の

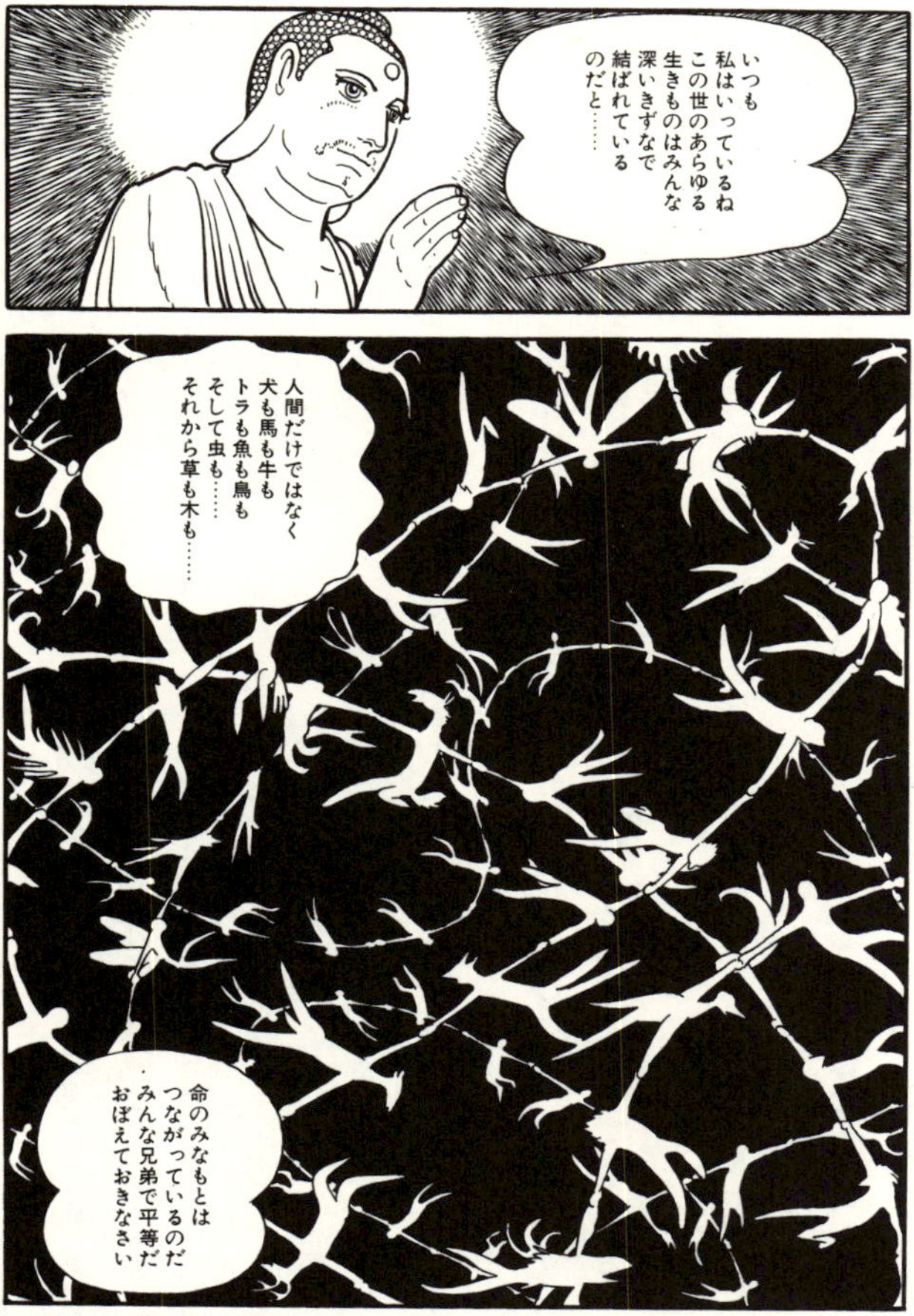

［手塚治虫『ブッダ』第12巻］（潮ビジュアル文庫）

『ブッダ』は釈迦の伝記漫画であるが、歴史上の釈迦の生涯を忠実に描いたものではなく、大乗の教えをファンタジックに織り込んだ宗教SFである。

法華経はさまざまな生命のさまざまな生き様の全体というのを強調するお経であり、そこには当然、般若波羅蜜の智慧の観点から見た「空」(からっぽ)」という視点が入っているのだが、法華経の世界観は「空」という言葉であっさり片づけるのではなく、人生の具体像にもっと温かい目を投げかけているように思われる。法華経によれば諸法実相(ブッダの知る世界の真相)の中で、我々ひとりひとりがブッダと通じあっている。そして我々とブッダとの間の扉を開く呪文が「南無妙法蓮華経」なのだ。

一四 即身成仏——シンボルの世界

「ブッダになる」という不可能な目標

「即身成仏」というと何を思い浮かべるだろうか。湯殿山などにおけるミイラとなった即身仏であろうか。

即身成仏とは現世のこの身のままブッダになることである。釈迦の時代すなわち仏教が生まれた時代には、ブッダになるというのは法外に難しいことだと思われていなかった。煩悩に苦しむ心を清めることで、釈迦もその弟子たちも続々とブッダ化していったのである。しかし、

菩提心（ボーディチッタ）

釈迦の死後は釈迦は神格化され、ブッダになるのは釈迦以外にはほとんど不可能だと想像されるようになった。直弟子も含めて、修行者がなれるのは阿羅漢という聖人どまりであるというふうに考えられた。

ブッダとは理想的人格に他ならないが、人々の理想への要求が厳格化されるにつれて、ブッダ化はほとんど不可能な目標となったわけだ。この段階のブッダのイメージは「神様」のようなものだ。法華経の説く久遠の釈迦も無量寿経の説く阿弥陀もそうした超越的なブッダである。

修行の完成の不可能性は、修行の長さの永遠性によって象徴される。人間は半永久的に輪廻を続けて修行を続けなければブッダにはなれないというのが、標準的な神話となった。

理想に結びつけるための象徴のパワー

しかし、人間とはいろいろなことを考える動物だから、完成した人格であるブッダと、未完成の人格である修行者とを、象徴の力によって結びつけようという発想も登場するようになった。つまり、修行者が瞑想行の中で、シンボリカルにブッダと同一化するというワザである。

密教では手に忍者のような印を結び、口に呪文のようなマントラ（真言）を唱え、心を一点に集中して、ビジョンとしての諸仏諸菩薩と自分とを象徴的に同一化する。これが完成すると、全体として自分が宇宙的ブッダである大日如来とイコールになれるのである。

ブッダというのがもともと理念的な存在であるのだから、その理念と同一化するのも要は解釈の問題である。一神教の世界でも、神という人間を超えた存在がイエスという生身の人間の中に結実したと考えているし、イスラム教の場合には神アッラーがコーランという書物の中に結晶化している。多神教的な大乗仏教はもう少しゆるやかに、あれこれの修行者が我が身にブッダを投影することは可能だと考えている。

人間は理想を求める存在だ。少しでも完全になりたいと願う。そして理想は次第に遠のいていく。理想はあくまでも理想であり、現実の自分には手の届かない存在である（そういうのを理想と呼ぶのだから）。しかし、自分と完全に無関係の理想というのは、理想としては無意味である。理想と自分との間にはごく薄くでも結びつきがあるはずだ。不完全な自分だって理想を投影した一種の模型となることは可能なのではあるまいか。

演劇的な思考は儀礼や儀式の行為につながる

こうした模型的な発想、あるいは理想を象徴的に体現するという発想は、ある意味で演劇的な発想である。演劇のステージの上では、人は何にでもなれるだろう。要は観客がその気になって見てくれればそれでいいのである。

象徴行為によって自分が何者かになるというのは、儀礼や儀式の行為でもある。人間は家では本音で暮らしているかもしれないが、一歩表に出るとビジネスマンとしての、あるいは公人としての顔をもつようになる。そのときの振る舞いは多かれ少なかれ建前によるものであり、期待される役割像を演じることになる。たとえば大統領とか王様とかを演じるのは、なかなかたいへんな技であり、七面倒くさい儀礼の連続である。彼らは国家や国民の理想を体現する存在だ。だから批評の目は厳しい。

仏教の修行の世界は、基本的には象徴の世界である。ビジネスや芸能やスポーツの世界の修業は実用的に何かを身につけていくものだ。そこには具体的な実用性がある。しかし仏教の世界の修行は、倫理的な理想のようなものを象徴的に、儀礼的に身につけていくものである。ミイラになった即身仏には何の実用性もない。坐禅を完璧にくんだところで腹の足しになるわけじゃない。ところが「人はパンのみに生くるにあらず」とイエスも言ったように、そういう実用性を離れた精神的な世界をどうしても人間は求めるものである。そういう前提の中で、人は修行し、象徴的にブッダになったりするのである。

一五　不立文字——レトリックの世界

禅（ディヤーナ）

何も説かない

不立文字《ふりゅうもんじ》というのは禅のモットーとして有名な言葉だ。仏教では何らかの「悟り」を得るために修行をするわけだが、その悟りの真理もコツも言語では捉えられない。文字に囚われてはいけないというのである。

楞伽経《りょうがきょう》には「一字不説（釈迦は生涯真理を一文字も説かなかった）」という言葉があり、これが禅宗の不立文字の根拠になっている。もちろん「一文字も説かなかった」というのはレトリックであり、たいていのお経の描くところでは、釈迦は弟子たちや質問者に向かって饒舌《じょうぜつ》なまでに教えを説いている。だが、禅によれば、釈迦の説法はあくまでも付帯的なものであって、肝心の悟りは直観によって弟子自身が自ら感得するしかない。そのための手段が坐禅、坐って行なう黙想である。

禅では「只管打坐《しかんたざ》（ひたすら坐れ）」と言って、坐った姿そのもののうちにブッダを体現することを勧める。ブッダは言葉のリクツの中に現れるのではなく、坐る身体のたたずまいの中に現れるものであるらしい。人は言葉ではない、行動であり、また姿だ、というのは日本人好みの人間観だが、そういうのは禅に由来する文化である。

禅宗に限らず、真理を結局言語を超えたものと捉えるのは、仏教全般の伝統的思考法である。維摩経《ゆいまきよう》には、次のようなエピソードがある。維摩（ヴィマラキールティ）という資産家がいた。彼は在家の仏教家だが、出家修行者などよりもずっと奥義に達していた。あるとき仏弟子たちが維摩の家に行って、悟りについて論じあった。菩薩たちがさまざまな意見を述べて、最後に一番頭のいい文殊菩薩が、真理は言葉で表現できないと説いた。これに対して維摩は「何も説かない」という無言パフォーマンスで応えた。言葉を超えた真理を言葉で説くという愚を避けたのである。

言葉を超えた真理を見つける

金剛般若経では真理が言葉を超越しているということを、たとえば「『如来の説く般若波羅蜜は般若波羅蜜ではない』と如来は説く。だからこそ般若波羅蜜と呼ばれる」のようなナンセンスな言葉で説く。

「般若波羅蜜は般若波羅蜜ではない、だからこそ般若波羅蜜だ」というのは矛盾以外の何物にも思われないが、あくまでこれはレトリックだ。「般若波羅蜜」を「言葉を超えた真理」と置き換えてみればいい。「言葉を超えた真理は『言葉を超えた真理』（というコトバ）ではない」というのはそれほどナンセンスなコトバではない。

禅は金剛般若経式のナンセンスなものいいを珍重する。いわゆる禅問答というのは、一見ナンセンスに聞こえる真理の対話のことだ。禅では真理が言葉を超えているというばかりでなく、そもそも言葉と事実との間には常にズレがあるということを強調する。我々はふつう言葉の世界をそのまま真実だと思う癖がついているので、禅ではその足を引っ張るがごときナンセンスをふっかけて、言葉ではなく自分自身の主体性を回復するように指導するのである。

鈴木大拙はアメリカに行ってゼン・ブディズムを広めた禅の大学者である。秋月龍珉禅師によれば、次のようなおもしろい現代禅問答をある国際会議でやってみせたそうだ（『一日一禅』）。大拙は言う。「『旧約聖書』に、神が〝光あれ〟といわれて夜と昼が生じた、と書いてあるが、いったい誰がそれを見ていたのだ⁉」

会場の出席者たちはポカーンとしている。そこで大拙はおもむろに言う。「わしが見ていたのだ」

神が天地創造したというのは聖書の記述である。これを文字通りに受け取って、物理学の宇宙論も生物学の進化論もウソだと言い張るクリスチャン（ファンダメンタリストという）もいる。

「人間が生まれる前の天地創造のシーンなど誰も見ていたはずはない。お前が勝手に想像しているだけじゃないか」と言ってしまえばそれまでである。だが、禅ではそういう水掛け論にかかわらない。天地創造は本当だろうかウソだろうかと思いながら、そのシーンそのものをまぶたに浮かべているのは、「わし（大拙、出席者、あなた自身）」なのである。

主体性は自分自身にある。言葉を超えた真理は、結局自分自身にあるのだ。神を中心に考えず、自己の悟りを中心に考える仏教の思考法がここによく表れている。

ブッダはトイレットペーパー？

イラストに描いたのはトイレットペーパーであるが、なんと冒瀆的なことを！　と怒らないでほしい。仏とはどんなものかと聞かれて「乾屎橛《かんしけつ》（中国で昔尻を拭くのに使った糞かきべラ）」と答えた禅坊主がいるのにちなんだものである。こだわりを揶揄したレトリックである。

一六　煩悩即菩提――究極の現実主義

修行のゲーム――煩悩から菩提へ

煩悩（クレーシャ）／菩提（ボーディ）

仏教というシステムをゲームにたとえると、スタート地点に「煩悩」があって、ゴールに「菩提」がある、そんなすごろく型のゲームということになる。ゲームのコマを進めるというのが、いわゆる修行であり、一日一歩、三日で三歩、三歩進んでは二歩下がることを延々と繰り返す——いかにもゴールは遠そうだ。

　煩悩とは苦をもたらす原因となる迷いのことだ。除夜の鐘が一〇八であるのは煩悩の数によるそうだが、一〇八という数字にそれほど深い意味があるわけではない。

　よく知られているのは貪欲《とんよく》（むさぼり）、瞋恚《しんい》（怒り）、愚癡《ぐち》（おろかさ）の三毒（貪瞋癡《とんじんち》と熟語化している）である。こういう迷いを払って意識をスカーッとさせ、人生を悪循環から救い出すというのが仏教の基本であり、煩悩の退散がそれほど簡単ではないからこそ、修行は未来永劫に続くということになる。

　菩提はボーディの音訳であり、意味は悟り（の智慧）ということ。菩提、悟り、涅槃、解脱……といろいろな言い方があるが、だいたい同じ意味だと考えていいだろう。

生命の世界では欲望と苦は切り離せない

さて、スタートである煩悩の世界とゴールである菩提の世界とでは、概念上、雲泥の差、月とスッポンの差があるのは言うまでもないが、たとえば菩提の世界が「天国」みたいな真っ白な楽園になると想像するのは子供っぽいとも言える。

天国が白い翼の生えた天使たちの世界だというのはあくまで空想的ファンタジーであり、現実世界を舞台とする限り、悟りの世界もまた、現在の我々の世界と同じ煩悩多きシャバであるはずだ。なぜなら生物の構造そのものが欲望と苦を機縁とするナマぐさいものだからである。生物であることをやめない限り、生命を否定しない限り、きれいさっぱり悟るなどということはできないだろう。

生命の現実を考えるとき、スタート地点の煩悩も、ゴール地点の菩提も、あくまで人間の観念的な図式化であることが分かる。こうした観念の図式に囚われることを嫌う大乗仏教では、「煩悩即菩提」というレトリックを用いる。煩悩の世界も悟りの世界もイコールだ、あるいは、煩悩あっての菩提、菩提あっての煩悩だというのである。

「生死即涅槃」という言い方もする。すなわち、迷いの生死を繰り返す輪廻の世界も、輪廻を超えた涅槃の世界も、生命の世界である限り、イコールである。

「煩悩即菩提」「生死即涅槃」とは、結局、悟りを固定的に考えるな、今・現在、この迷いだらけの浮世の中で実現されていくべきダイナミックな働きとして捉えよということだ。菩提とは理想であり、その理想ばかりが現実化する日が来ると考えるのは、理想と現実を取り違えたカテゴリーミスである。理想は現実と並行する別次元のものとして、現実世界に絶えずインスピレーションを発し、ビタミンのように効いてくるのでなければならない。

病気でたとえてみれば、病気を克服して健康になる、という目標そのものは間違っていないとしても、病気と健康を絶対的対立物と考えるのは現実的ではない。人間の身体は多かれ少なかれ衰退や機能不全の相を抱えている。成長とは老化でもあり、老化の果てに死が来る。病気によっては完全に治療することは不可能であり、むしろ病気と共存して生きるのが理想的解決ということもある。だから「病気を克服して健康になる」も「病気と共存して生きる（病気即健康）」もともに真理だ。

ゴールを目指すだけではない複雑度の高いゲーム

大乗仏教は、ゲームとしては複雑度が高い。点数ばかりを稼げばいいのではない。マラソンのようにひたすらゴールを目指せばいいのではない。理想そのものが捉え難い微妙なものとして、日常生活の中のあちこちにひょこひょこ姿を見せる。その捉え難き真理を捉えるゲームが大乗なのである。ゴールばかりを目指しているきまじめな選手にはたどりつけないマラソンなのだ。

スタジアムでゴールのテープを切ることを目標にするのではなく、街中を走っているときにランナーズ・ハイの至高体験を味わうことをこそ目指す、そんな市民マラソンが大乗の理想である。煩悩まみれの現実世界をただ厭《いと》うだけでは、この妙味は味わえない。

ちなみに、金メダルをとることではなく参加することに意義のあるオリンピックとは、本来そんなものであったのではないか。

一七　廻向——あなたから私へ、私からあなたへ
功徳を振り向ける

廻向（回向でも同じ）とは、自分の善行による功徳を他人のために振り向けること。廻らし向けるので廻向と書く。葬式とか法要にお坊さんを招いてお経を誦してもらって、故人の冥福を祈るというときに「廻向」というのは、要するにお経を読んだ功徳を死んだ人の来世での状況の向上に使ってもらおうということである。

修行の宗教である仏教では、本来、自分自身の状況の改善のために修行をしていたのだが、それもまたケチくさい話であり、自己の煩悩のなせるわざと考えられなくもない。仏教もまた、人々のつながりということを意識するにつれて、他者へのプレゼントの要素を重んじるように

廻向（パリナーマ）

なった。大乗仏教では、自分の救いのみならず他者の救いのためにも頑張ることこそ菩薩の道であると考える。そんな思考の流れにおいては、廻向という要素がクローズアップされるようになる。

葬式は残された人のため?

もちろん、死んだ人に対するプレゼントというのは、あくまで神話的な話である。死後の世界にリアリティを感じない人にとっては、死後の読経なんて意味のないパフォーマンスだと思われるかもしれない。

ここのところは宗教的感性にかかわる話である。そもそも葬式だの墓参りだのに意味はあるのだろうか。唯物論的には無意味である。仏教の死後の世界は輪廻と決まっているから、仏教的には意味がある。だが、もともとあらゆる「こだわり」を脱却せんとする修行の宗教である仏教にとって、死後のビジョンにこだわるのは矛盾だとも言える。

だが、それは究極の話だ。

ふつう、我々は死後をめぐる不安や懸念をおいそれとは脱却できない。自分の死を一切心配しないでいられる人間は稀だ。そうだとすれば、自分の死についてあれこれ考える程度には、他者の死後の境遇を心配してもおかしくはないだろう。

結局、これは、死後の世界がどうなっているのか、という客観的事実の問題ではなく、今、生きている我々の生き様の問題である。我々は自分のことを気遣うナルシシズムの中にあると同時に、家族や友人や人々一般のことを気遣う利他精神の中にもいる。だから死後というテーマをめぐっても、自他の死後のことを気遣うのだ。生きている間に他人のためによかれと思って何かをするサービス心があるならば、死んだ人のために祈ったりお経を読んだりする気遣いがあって当然だろう。

カラマーゾフのラストシーンから見る廻向

ここで私が思い出すのは、ドストエフスキーの『カラマーゾフの兄弟』だ。これは複雑な小説であり、おしまいが一見メインストーリーとは無関係のサブのお話で締めくくられる。それは主人公のアリョーシャ・カラマーゾフが子供たちに、病気で死んだ少年イリューシャのことを「決して忘れないように」しようと演説するシーンだ。この「永遠の思い出」というのが、カラマーゾフの主題の一つである。

キリスト教的に見れば、死んだ人の生前のことをすべて神様は覚えている。だが、残された者たちは何もしなくていいのではない。死者が永遠の福楽にあずかれるように祈るべきなのだ。アリョーシャが「決して忘れないように」と言っているのは、そうした祈りに相当する。

人生にはいろいろある。いいこともあるし悪いこともある。死者たちもそうだったろう。逝った者たちの生前の泣き笑いや小さな努力の積み重ねを思い出すのは、残された者にとっての重大な務めだ。仏教の世界でも、法要を営みながら死者のことを思い出し、生きている者どうし人生のデコボコを赦しあい、お経の真理を生者たちが受け入れることができたなら、それは死者たちの人生に新しい意味が生まれたことになる。

どこにでも広がっていく多次元的な廻向

最後に、廻向の意味の広がりについて書いておこう。

阿弥陀を信じる者たちは、自分ひとりじゃなくみなで往生しようと、功徳を人々に振り向けることを考える。これも廻向だ。浄土に行ったあとも舞い戻ってみなを手助けしようとも考える。これも廻向だ。さらに、自分の功徳にこだわるのではなく、すべては阿弥陀の采配だと考えることもある。これもまた（阿弥陀の）廻向だ。廻向とは人と人との（人とブッダとの）関係のあるところ、どこにでも広がっていく言葉なのである。

インテルメッツォ

仏教FAQ

（よく聞かれる質問）

仏教のコンセプトを軽いノリで押さえる前半三章と、仏教史、宗派、他宗教との比較という、ややつっ込んだ内容を開陳する後半二章の間に、よく聞かれる質問（FAQ）のコーナーを設けることにする。読経のこと、葬式のこと、神道との関係、欧米人からよく聞かれるゼンのこと、曼荼羅《まんだら》のことなど、話題はいろいろである。インテルメッツォであるから長編映画ならトイレ休憩ということになるが、清浄なお部屋で読んでくださいね。南無〜。

FAQ1 お坊さんが読むお経はどれも同じですか？

いいえ。宗派によって読むお経は異なります。浄土宗や浄土真宗では阿弥陀経《あみだ》、無量寿経、観無量寿経など阿弥陀仏について書いたお経を誦し、日蓮宗では法華経を誦します。よく知られた般若心経は禅宗や天台宗、真言宗で読むことが多いです。他にも宗派によってとくに大事にしているお経があります。

また、日本の寺院では、インド伝来のお経と並んで、それぞれの宗祖、たとえば浄土真宗であれば親鸞、日蓮宗であれば日蓮の書き物を重んじます。

宗派によっては、それぞれ大事にしているお経や宗祖の書き物を編纂《へんさん》して一冊の本にまとめています。また、檀家《だんか》さんが仏壇に置いているアコーディオンのような綴じ方の薄いお経は、経典や宗祖の書き物のエッセンスをまとめたものです。

東南アジアのテーラワーダ仏教では、日本の経典とは異なるものを用いています。日本の経典は大乗仏教の経典です。テーラワーダ仏教と大乗仏教の関係については第四章をご覧ください。テーラワーダ仏教の経典は歴史的に古い段階のものですが、法句経（ダンマパダ）と呼ばれるお経は極めて平易な言葉で書かれたもので、近年、日本でもよく読まれています。

FAQ2　葬式は仏教と関係ないというのは本当ですか？

仏教の修行体系は人生における悟りを目指すもので、本来死後の問題にかかわらないものですが、輪廻《りんね》（↓51ページ）など、死後に関する世界観を含めた全体が仏教文化ですので、その中から死にまつわる仏教式の儀礼が次第に発達してきました。これもまた自然な展開です。そもそも日本では、仏教の伝来とともに、輪廻信仰やインド伝来の火葬の風習がセットで持ち込まれたのです。

輪廻を信じるとすれば、死んだ人が次の生に生まれるまでの霊と身体の分離のためのマジカルな儀礼が必要になります。また、他者の幸福を願うのは大乗仏教の基本ですが、自らの善行がもたらす功徳を他者に使ってもらう廻向（↓128ページ）の思想に基づいて、法要の際に僧侶を招いて読経や念仏などの功徳を廻らして個人の冥福を祈るという儀礼も発展しました。

ちなみに位牌《いはい》は、本来は儒教のものです。その位牌に書かれる戒名は、本来、仏教徒としての戒めのための名前です。文化的なハイブリッドです。葬儀や戒名をめぐって僧侶にお布施をさしあげるのは、本来、寺院を支える在家者（檀家）の共同体的な役割によるものです。葬儀代という形であれ他のどの形であれ、経済的に支えなければ、寺院は存続できなくなるでしょう。

FAQ3 どの宗派の教えが本来の仏教の教えですか？

どの宗教もたくさんの宗派に分かれる傾向にありますが、仏教の場合、宗派ごとの違いがかなり大きいように思われます。東南アジアではお坊さんが厳格な戒を守り、在家の人々の尊崇を受けています。チベット仏教では「宗教が主要産業だ」というほど僧侶の活動の社会全体に占める割合が高く、ダライ・ラマなどの高僧を中心に曼荼羅などを用いた壮麗な儀礼をたくさん行なっています。中国仏教では禅宗と阿弥陀の浄土の信仰がセットになった形で信仰されています。

そして日本仏教では、チベットに似た密教を行なう宗派、中国伝来の禅を行なう宗派や阿弥陀を信仰して念仏（南無阿弥陀仏）を唱える宗派、日蓮に従って題目（南無妙法蓮華経）を唱える宗派と、宗派ごとの違いがかなり目立ちます（↓177ページ）。

では、いったいどの宗派が本当の仏教を伝えているのでしょうか？

大事なことは、仏教が悟りや安心と呼ばれる精神の状態を究極目標に置く一種の技法だということです。この目標にかない、地元のニーズに適応しているならば、どの宗派のやり方だってOKであるはずです。

FAQ4 仏教は戦争と無関係の平和な教えだというのは本当ですか？

仏教が戦争とまったく無関係だというのは言い過ぎです。戦時中の日本では仏教界も軍国体制に協力しました。もっともそれは神道でもキリスト教でも同じです。

仏教は心の平安を説くものですから、戦いなどとは無縁のように思われますが、心を超越的な平安の中に置きつつ、戦争や軍国主義に邁進《まいしん》するなどという芸当も可能です。中世、禅が武士階級に流行したのは、サムライの過酷な現実を無の境地が救ってくれたからでしょう。

また、戦前は日蓮の法華主義がしばしばナショナリズムと結びつきました。同時代のキリスト教は、植民地支配など政治的な拡張を伝道のチャンスと見ていましたが、欧米に追いつくのに必死だった日本人にも同様の発想があったわけです。

とはいえ、今日の世界各地における宗教的トラブルを眺め渡すと、相対的に仏教圏がおとなしいことが目立ちます。理由の一つとしては、仏教が無常や縁起を説く一種の相対主義の立場をとっているので、神の命令を絶対視する一神教のように、教えと教えをめぐる衝突が起きにくいということがあるでしょう。別の側面では、心の悟りを目指す仏教は、世俗の社会制度をめぐる問題に比較的無頓着、無関心だということがあります。たとえば欧米では妊娠中絶の是非をめぐる問題や、同性結婚の是非の問題などをめぐって保守と革新の宗教的敵対関係が起きていますが、仏教の主要な関心事になることはないようです。

社会に対して喧嘩《けんか》をふっかけるのはよくありませんが、仏教の縁起や空《くう》の考え方をもって社会問題に積極的に関心を振り向け、人々の間の怨念を解体していくよう働きかけるのはいいことではないでしょうか。

FAQ5 なぜ日本には仏教と神道という二つの宗教があるのですか?

キリスト教徒はキリスト教のみ、イスラム教徒はイスラム教のみを信仰しますが、それはこれらの宗教が、社会全体を一個の存在である神の掟《おきて》によってまとめようという思想構造をもっているからです(第五章を参照のこと)。しかし、仏教の本質は悟りの修行です。悟りを目指そうという点を除いて人々がどのような世界観をもっていたとしても、とくにどうこうということはありません。いわば宗教の信者が同時に科学者や哲学者であってもかまわないように、神道の神々を奉じる人間が同時に仏道修行をやってもかまわないわけです。

中国では太古からある儒教や老荘思想や土俗の神々の信仰(今日の道教)の大がかりなシス

テムの中に、途中から仏教が入り込みました。仏教は中国人の宗教生活に多大な影響を与えましたが、中国人が仏教オンリーになることはありませんでした。

日本では、外来の仏教と土着系の神道が二人三脚で日本の宗教世界を形づくりました。そもそも仏教を取り入れた大和朝廷は、同時に神道の神々の神話によって自らを権威づけたのです。仏教と神道の関係については次の〈FAQ6〉をご覧ください。

FAQ6　昔はお寺と神社が一緒になっていたって本当ですか？

仏教と神道が完全に一体化していたわけではないのですが、前近代には神仏習合といって両方の宗教が密接に絡みあっていました。神社の境内にお寺があったり、お寺の中にお社があったりしていたわけです。しかし、明治の宗教政策が神仏の分離を進めました。天皇家を中心とする中央集権化と、神道の特別扱いが連動したのです。

神道の起源は日本列島の土着の神々の信仰です。仏教が輸入されると、ちょうど仏教の中にヒンドゥー教の神々が「天」として取り込まれているように、日本の神々も仏教システムの中に位置づけられるようになりました。さらに、ブッダや菩薩《ぼさつ》が化身となって日本の神となっているという思想も広まりました。アマテラスの本体は大日如来である、八幡神《はちまんじん》の本体は阿弥陀であるといった式です。神々の中には「権現」と呼ばれるものもありますが、権現とは（ブッダや菩薩の）化身のことです。

なお、山の多い日本には山岳信仰がありましたが、これに仏教や道教などの教理が結びついて、修験道という、ほら貝などを吹きながら山の中でマジカルな修行をする宗教が誕生しました。教理的には密教の影響が大きいようです。修験道の実践者を修験者といい、村々で加持《かじ》祈禱《きとう》などを行ないました（この修験道も明治になっていったん解体されています）。

FAQ7 なぜチベットの曼荼羅は日本のものと違うのですか？

インド仏教は後期になると密教化しました。密教では修行者がブッダと——象徴的に——一体となる修行において大勢のブッダや菩薩のイメージを活用しますが、それを幾何学的に配置したビジョンが曼荼羅です。曼荼羅は立体に描かれることも、砂で象徴的につくられることも、絵画として描かれることもあります。

曼荼羅にもいろいろありますが、胎蔵曼荼羅は密教史上の古い段階のものの、金剛界曼荼羅は新しい段階のものの代表です。中国ではこの二つを（中国人好みの陰陽の二元のように）セットにし、いろいろとアレンジを重ねてきれいに整えました。この中国式曼荼羅を空海が持ち帰ったのが、今日日本に伝わる両界曼荼羅です。曼荼羅は本来円の中に描かれ、正方形をしているのですが、中国では円が省かれ、縦長の長方形になりました。

インドと隣りあっているチベットでは、中国に伝わった時点よりも後世に展開した密教とその一群の曼荼羅を取り込んでいます。だからチベットの曼荼羅は種類も多く、背後の理論も後世の展開のものとなっています。図像的には、本来の円と正方形を守っています。

日本の曼荼羅では中央に大日如来が描かれますが、チベットでは異なる如来が描かれ、また男女の仏をセットで描きますので、仏の形そのものが日本人の目には異様に見えます。これも歴史的段階の違い、また理論の違いによるものです。

FAQ8　「日本仏教は仏教ではない」とはどういう意味ですか？

アジア各地の仏教の実態が分かってくるにつれ、日本仏教が日本列島の自然風土や歴史的環境に適応して独自の進化をとげたものであることが分かってきました。そうした違いを極度に強調すれば、日本仏教は（インド本来の）仏教ではナイという主張が現れることになります。

四諦《したい》・八正道《はっしょうどう》（↓84ページ）の基本に忠実なタイ仏教などと異なるのは、タイ仏教はテーラワーダ仏教、日本仏教は大乗仏教に属しているからですが、日本仏教は同じ大乗仏教であるチベットの仏教とも違っています。

ただし、チベット仏教がインド直系の密教であるのに対し、日本の仏教は、密教は中国系のもの、禅は老荘思想などの影響のもとに中国で発達したもの、阿弥陀の信仰はこれまた中国で発達したもの、そして日蓮宗の法華経の信仰は起源から言えばやはり中国の天台宗の教えに基づくもの、というように、そもそも中国化された仏教だという違いがあります。ですから、スタイルについては、中国のものとは大きな差はないと言えます。

日本仏教が批判的に見られる一番大きな理由は、僧侶が日常生活において古来の戒律を守っていないというのが大きいでしょう。たとえばアルコールを平気で飲んでいます。結婚もしている。それじゃあもはや仏僧ではない、というのがアジア大陸の感覚です。日本では「煩悩即菩提《ぼだい》」(→124ページ)系の思想の延長として、世俗の生活をそのまま容認する傾向が強いことは確かでしょう。それが実践的に、また理論的にいいことなのか悪いことなのかを、客観的に判断する基準はありません。どのみち宗教は時代により地域により変化するものだからです。

FAQ9 なぜ欧米人は日本の宗教は禅だと思っているのですか?

戦前から欧米の知識人たちの間で仏教が徐々に知られるようになっていましたが、戦後、日本の鈴木大拙がアメリカ各地の大学で禅を講じたのは大変な影響力がありました。サリンジャーの小説を読んでいてもスズキ博士という名前が出てきます。

そして一九六〇年代・七〇年代になり、欧米の若い世代の間で仏教、道教、ヒンドゥー教など「東洋思想」が流行しました。ヨーガが欧米社会に広まったのもこの時期ですが、今日の日本でもヨーガが健康法の一種として根付いているのは、当時の国際的流行によるものです。

ヨーガと禅はもともとインドの宗教的な心身コントロールの技法です。欧米社会で禅がヒットしたのは、坐って瞑想するという身体技法の新しさもさることながら、教理に囚われない独特の教えが、神学的な枠組みが排他的なまでにかっちりしているキリスト教の思考に慣れた――そして辟易《へきえき》していた――知識人や若い世代の心をつかんだからでしょう。

六〇年代のアメリカではアフリカ系市民が制度的にまだ差別されており、また、アメリカ政府が行なっていた大義のない泥沼の戦争、ベトナム戦争に対する批判が広まりつつありました。そうした社会体制、政治体制に対する批判が沸き起こったとき、伝統的なキリスト教に対する批判も広まり、新しいものをもとめる若者たちが「対抗文化」としての東洋宗教、とくに禅に期待したのです。禅は文化的に決定的な役割を果たしたので、今日でも影響力があり、そして日本はゼン・ブディズムの発信地として覚えられるようになったわけです。

FAQ10　現代社会で仏教には何ができますか？

現代社会には格差や犯罪から医療倫理問題や文化摩擦問題まで、さまざまなトラブルがあります。トラブルの解決にあたって不可欠なのは、社会の多様な現実をニュートラルに眺め渡すことです。これは当たり前のようですが、心理的になかなかできない。個人的な正義意識がまさって、一方的に意見をぶちまけることに宗教的な情熱が傾けられることが多い。「無宗教」をもって任じる日本人でさえ、ヘイトスピーチやネットの炎上に見られるように、原理主義者ばりの熱狂に向かいやすいのが現実です。

人間はけっこうシューキョー的な生き物なのです。だから同じシューキョーでも、空だの縁起だの、あるいは諸行無常だの色即是空だのという脱力系の思考をもっている仏教の存在は、私たちにある種の指針と安心感を与えてくれるはずです。

そうしたニュートラルな意識というのは、必ずしも「傍観者」的な態度を意味するものではありません。徹底的に敵意を抜いていくという「ヤワラの道」を一つの目標としつつ、社会問題に積極的にかかわっている在家・出家の仏教者というのも大勢います。

地球環境問題、原発問題、歯止めなき資本主義のもたらす経済や社会の問題、移民や外国人労働者をめぐる問題、日中韓の対立の問題、医療をめぐる倫理と経済の問題、さらには発達障害からLGBTをめぐる誤解やヘイトの問題まで……「神の教え」から出発するのではなく、「物事の因果の分析」から出発する——しかも常に平常心や安心立命を目指す——仏教の基本的「態度」がものをいう現場というのはたくさんあるはずです。

仏教と言えば葬式のお布施の問題……というのはあまりにも狭い理解です。また、出家してお山に籠ったり坐禅三昧したりというのばかりが「本当の仏教」というのでは、仏教がやせ細ってしまいます。本書において仏教を文化というユルいレベルで捉えているのは、厳密な修行仏教と、日常的な発想法や文化的な姿勢とのつながりの回復を目指したいからでもあります。

第四章 仏教の歴史と日本の宗派

これまでの章で、仏教にアプローチするためのポイントやいくつかのキーワードを簡潔に説明してきた。本章ではもう少しオーソドックスな形で仏教の全体像を整理したい。つまりインドから日本までの仏教史を概観し、また日本の主要宗派について「教科書」的な知識を開陳するのである。

イメージをつかみやすくするために、世界史の流れに位置づけて説明するように心がけよう。

釈迦の生涯

宗教思想家の時代

釈迦《しやか》が仏教を始めたのはおおよそ紀元前五世紀頃のことである。この時期の前後二、三百年間は人類史上特異な時代であり、中国では孔子や老子などの諸子百家、インドでは釈迦やマハーヴィーラ（ジャイナ教の開祖）などの種々の宗教的思想家、中東ではイザヤ、エゼキエル、エレミヤといったイスラエル民族のさまざまな預言者、ヨーロッパではギリシャの七賢人や、ソフィストと呼ばれる自由思想家、またソクラテスを初めとする人生哲学者たちが輩出した。いずれも有名人だ。つまり、中国文明、インド文明、中東文明、ヨーロッパ文明の根幹をつくったような人たちである。太古からどんな民族にも賢人とでも言うべき人間がいたことだろうが、はっきりとしたキャラクターをもち、人々に記憶されるような明確で体系的な思想をもち、後世の精神文化の基礎設計図を描くような偉業をなしたのは、孔子や釈迦やイスラエルの預言者やギリシャの哲学者たちが最初だったのである。実存哲学者のカール・ヤスパースがこの時代を「軸の時代（つまり精神史上の基軸となるような時代）」と呼んだ。

こうした賢人たちは当然エリートであった。他のたいていの人々がただちに理解することのできないような高度に抽象的な思考ができたし、遠い因果関係を直観して神秘的に語ることができた。だから、彼らの周りに集まった人たちも基本的に少数派であった。孔子の弟子たちも釈迦の弟子たちもソクラテスの弟子たちも少数エリートであった。

釈迦が開いた仏教が、限られた数の弟子たちよりなる「出家」と、一般社会人よりなる「在家」の二段階システムをとっているのは、極めて合理的なことである。

王子として生まれる

釈迦（前四六三〜三八三頃）はインドの少数部族——釈迦（シャーキャ）族——の王家の生まれであったと伝えられている。釈迦族の聖人という意味でシャーキャムニという通称が生まれ、これを漢字で音訳して釈迦牟尼とし、略して釈迦、敬意を表して釈尊あるいは「お釈迦さま」と呼ぶようになった。本名はガウタマ・シッダールタ（サンスクリット語の発音）あるいはゴータマ・シッダッタ（パーリ語の発音）であった。

釈迦の生まれ育った環境は、現代とはまるで違う。手塚治虫の『ブッダ』を読むと、大きな建物がたくさんあるかなりの文明国であったように見えるが、これはハリウッドのキリスト映画などに出てくるローマ帝国の豪壮な建築文明の真似である。釈迦の時代のインドは、もっと貧弱な、原始的な光景だっただろう。アマゾン流域よりも開けていたことは確かだが、あまり豪壮な都市文明を想像するわけにはいかない。

彼は王宮で女官にかこまれて快楽生活を送り、その後出家して修行者となって苦行を続けたと言われる。これは「快楽と苦行の中道」という教えをはっきりさせるために後代につくられたフィクションであるかもしれない。キリスト伝もそうだが、開祖の伝記は、人生の模範として描かれているので、文字通り歴史上の事実だと考えるわけにはいかない。

婆羅門の権威と自由思想家

釈迦は三五歳で悟りを開いて、弟子をあつめて教団をつくった。

当時も今もインド人は土着のさまざまな神々を信じている。神々に祈って五穀豊穣《ごこくほうじょう》などを願って暮らしていたのだ。そうした神々をマジカルに操作するパワーをもつと信じられたのが婆《ば》羅門《らもん》（ブラーフマナ）と呼ばれる祭司階級である。婆羅門の権威は絶対であった。王族よりも婆羅門のほうが地位が高いのだ。

しかし、釈迦の時代には婆羅門の権威に揺らぎが生じていた。人々は素朴にマジカルな信仰を保つことができなくなっていた。死の問題、苦痛の問題、倫理の問題など、さまざまな哲学的テーマに、まじない師である婆羅門は効果的な答えを出せなくなっていたのだ。だからこの時代には大勢の自由思想家があちこちで遊行するようになっていた。我こそは人生の難問を解決したと豪語する先生たちが幾人もいたのである。

釈迦もそうした自由思想家のひとりである。つまり釈迦も婆羅門の権威を認めなかった。神々に呪文を唱えたところで、人生の問題は解決しない。むしろ苦悩そのものを見据えることを釈迦は勧めた。そして苦が煩悩からの悪循環的集積によって成り立っていることを洞察し、悪循環を断つための戒律生活や瞑想《めいそう》生活によって、心をクリアにすることが解決の基本であることを人々に諭した。「悟り」とはそれほど難しい、ややこしいテーマではなかったと思われるが、なにせアイデアが新鮮であった。多くの人々が釈迦の説く新生活に賛同した。

有名な弟子たち

釈迦の弟子として有名な人物の名前を二つだけ挙げよう。舎利子あるいは舎利弗《しゃりほつ》と漢訳されるシャーリプトラ（サンスクリット名）あるいはサーリプッタ（パーリ名）と、目連あるいは目犍連《もくけんれん》と漢訳されるマウドガリヤーヤナ（サンスクリット名）あるいはモッガラーナ（パーリ名）である。二人はある有力な教団の重鎮であったと言われる。しかし釈迦の教えを聞いたら、こっちのほうが説得力があったので、他の弟子たちと一緒に釈迦教団に移籍したという。こんな感じで釈迦教団は次第に強大化していった。

もう一つだけ忘れられない名前がある。阿難と漢訳されるアーナンダ（サンスクリットでもパーリでも）である。彼は釈迦の秘書役であり、伝承によれば、釈迦の説法を全部暗記していた。だから釈迦の死後に釈迦の言行録すなわち「お経」を編むときに阿難は大いに活躍したと言われる。

釈迦が死ぬ前に弟子に語ったこと

釈迦は八〇歳まで生きたが、食あたりで亡くなった。というか自然の老衰の中で、最終的な死因が食あたりだったということだろう。阿難に語ったという臨終まぎわの釈迦の言葉は感動的だ。

まず、死期を悟った頃に、釈迦が周囲の光景を眺めて、褒めたたえて言った言葉。

「アーナンダよ、ヴェーサーリーは楽しい。ウデーナ霊樹の地は楽しい。ゴータマカ霊樹の地は楽しい。七つのマンゴーの霊樹の地は楽しい。バフプッタの霊樹の地は楽しい。サーランダ霊樹の地は楽しい。チャーパーラ霊樹の地は楽しい。」（中村元訳『ブッダ最後の旅』）

ヴェーサーリーというのは町の名前。霊樹と呼ばれる神秘の樹木が地域のシンボルとなっていたようだ。

いよいよ死ぬというとき、釈迦は阿難にこう告げている。

「やめよ、アーナンダよ。悲しむな。アーナンダよ。わたしは、あらかじめこのように説いたではないか、――すべての愛するもの・好むものからも別れ、離れ、異なるに至るということを。およそ生じ、存在し、つくられ、破壊さるべきものであるのに、それが破滅しないように、ということが、どうしてありえようか。アーナンダよ。そのようなことわりは存在しない。アーナンダよ。長い間、お前は、慈愛ある、ためをはかる、安楽な、純一なる、無量の、身とことばとこころとの行為によって、向上し来れる人［＝釈迦（引用者注）］に仕えてくれた。アーナンダよ、お前は善いことをしてくれた。努めはげんで修行せよ。速やかに汚れのないものとなるだろう。」（同）

釈迦はふだんから「あらゆるものは変化する（諸行無常）」と説いていた。そのことを受け入れられるように修行を積んできたのだから、師が死んだといって嘆くのは、修行の趣旨に反する。だから「悲しむな」と言っているのである。そしてお前はよく頑張ってくれた、これからも修行を続けて、早く心をクリアにしなさいとアドバイスした。

これを読むと、やはり死後の世界のことでくよくよ悩むのは仏教の趣旨に反するもののように思われる。と、同時に、釈迦に一生仕えた弟子にとってさえ、やはり愛する者との別れは嘆き悲しむべきものであったことも分かる。この両側面が仏教なのだ。悲しいものは悲しい。しかし別れは別れだ。悲しくないというのはウソになるし、別れを否定するのもウソになる。

基本の教えとして伝わるもの

釈迦の教えを弟子たちや孫弟子たちが暗記しやすいように整理していってできたのが、後世「釈迦の直伝」として伝えられている四諦《したい》、八正道《はっしょうどう》、中道、縁起などの教理である。大事な内容については第三章で解説したが、ここではパッと見て分かるように、表で整理しよう。

仏教の教理は、いくつかの項目を三つとか四つとか五つとか並べて覚えるようにシステム化されている。古代のインド人はノートもとらなかったし、もちろんノートパソコンももっていない。そこで項目を並べるという暗記法をとったのであった。

・**三帰依**《仏法僧》――頼るべき三つの権威

僧とは修行者個人ではなく集団を指す。教団をサンガというがこれに漢字をあてたのが僧伽《そうぎゃ》で、これを略したのが僧である。

仏、仏陀	ブッダ	教えの体現者
法	ダルマ［ダンマ］	教えである真理
僧、僧伽	サンガ	教えを実践している教団

・**三毒**《貪瞋癡《とんじんち》》――追い払うべき代表的な煩悩（↓125ページ）

貪、貪欲《とんよく》	むさぼり
瞋、瞋恚《しんい》	怒り
癡、愚癡《ぐち》	無知であること

・**四法印**――仏教の教えをまとめたキャッチフレーズ

諸行無常	あらゆる現象は変化する	↓72ページ
諸法無我	いかなる存在も「我」ではない／不変の本質をもたない	↓76ページ
一切皆苦	（悟らずに生きている限りは）すべては苦である	↓79ページ
涅槃寂静	悟りに至れば静けさと安らぎが訪れる	↓83ページ

・**四諦**――苦の人生から悟りに至るための「処方箋」（↓84ページ）

苦《く》諦《たい》	苦をめぐる真実	迷いの人生は苦である
集《じっ》諦《たい》	苦の集（成立）に関する真実	渇愛の煩悩から苦が生じる
滅《めっ》諦《たい》	苦の滅（消滅）に関する真実	渇愛を滅した境地がある
道《どう》諦《たい》	苦の滅の道に関する真実	実践法としての八正道

・**八正道**――四諦の道諦の具体的な内容（↓85ページ）

正見《しょうけん》	正しい見解	四諦という根本的展望を忘れない
正思《しょうし》（惟）	正しい思い	煩悩や怒りや人を害する思考に走らない
正語《しょうご》	正しい言葉遣い	虚言や妄言、乱暴な言葉遣いを避ける
正業《しょうごう》	正しい行ない	殺生・偸盗・邪淫といった行動を避ける
正命《しょうみょう》	正しい生活	極端を避けた適切な衣食住を保つ
正精進《しょうしょうじん》	正しい努力	善に向かい悪を避けようと努力する
正念《しょうねん》	正しい注意	心身の現象を絶えずチェックする
正定《しょうじょう》	正しい精神統一	欲望を離れるための適切な瞑想を行なう

・**縁起**――因果関係の洞察（↓93ページ）

縁起は「縁《よ》って起こる」という意味で、因果（原因と結果）の連結を意味する。のちの大乗仏教では事柄と事柄の相互依存的な関係（相依《そうえ》）を意味するようになったが、初期仏教では、原因が結果を生み、それがまた原因となって結果を生み……という一方向的な関係を意味していた。その代表が「十二支縁起（十二因縁）」と呼ばれるもので、無明（根本的な無知）から始まって老死に至る十二項の連続的因果関係として整理されて伝えられていた。その解釈はいろいろあるので、解説は省略しよう。

・**五戒**——在家者の戒律

不殺生戒	生き物を殺さない
不偸盗戒	盗まない、与えられていないものをとらない
不邪淫戒	みだらな性に走らない
不妄語《もうご》戒	ウソを言わない、とくに悟ったと豪語しない
不飲酒《おんじゅ》戒	酒を飲まない

出家者は五戒の基本精神に立って、細分化された戒律を守る。二五〇戒とか五〇〇戒とかがある（今日のテーラワーダ仏教では二二七戒。↓161ページ）。

テーラワーダ仏教

原始仏典の編集と教団の分裂

釈迦の死後、仏教教団は発展を続けた。釈迦が教えたとされる教理や修行法を暗記だけで伝承するのは困難になったため、仏典が編集された。これを「結集《けつじゅう》」という。修行者の記憶する内容を互いに確認しあって、公認のテキストを決めていくのである。仏滅後百年ないし二〇〇年の間に二回か三回結集が行なわれたという。

正式のテキストができた一方で、教団を一つにまとめていくのは次第に困難になっていった。戒律の実践の仕方をめぐって保守派と改革派が対立し、それをきっかけに、さらに二〇〇年ほどの間にたくさんの「部派」に分かれてしまったのである。部派ごとに独自に経典の整備が行なわれたので、内容にもズレが生じていったようだ。

原始仏教の修行スタイルを守る

部派のうち保守派である上座部がスリランカに伝わったが、この上座部（テーラワーダ）仏教では古代インドの日常語の一つであるパーリ語を用いた経典が編集された。のちにスリランカからビルマを経てカンボジア、タイなど東南アジアの諸地域にテーラワーダ仏教が伝わった。この宗派は初期仏教の修行スタイルを今日まで保守的に守ってきた。開祖の時代そのままではないかもしれないが、のちに生まれた大乗仏教などよりもオーセンティックなスタイルであることは間違いない。

今日『原始仏典』と銘打った邦訳仏典がいくつか刊行されているが、それらは基本的にテーラワーダ仏教のパーリ仏典を訳したものである。戦前に刊行された『南伝大蔵経』全七〇冊は、文語ながらもその全訳だ。すべてを訳すと大量にあるのである。

そのうち、最も古い段階の経典であると認められているスッタニパータ（経集）と呼ばれるお経が『ブッダのことば』として岩波文庫に入っている。同文庫の『ブッダの真理のことば感興のことば』は、スッタニパータと並んで古く、ブッダの福音書として英訳などを通じて世界中で読まれているダンマパダ（法句経）の現代語訳である。また、『ブッダ最後の旅』はマハーパリニッバーナスッタンタ（大般涅槃経《ねはん》）の現代語訳である（いずれも中村元訳）。

テーラワーダ仏教はアジアの南方に伝わったので南伝仏教とも呼ばれるが、昔日本で使われた小乗仏教という言い方は今はしない。これはあとで紹介する大乗仏教の立場から見た蔑称——「小さな（劣った）乗り物」——だからである。

先ほど述べたように、スリランカやタイのテーラワーダ仏教は、原始仏教の修行システムを受け継いでいる。僧侶は種々の戒律に従って教団内で修行をして暮らす。在家の一般信徒は、僧侶たちの生活を経済的に支える。古代には男性出家者（比丘《びく》）の共同体も女性出家者（比丘《びく》尼《に》）の共同体もあったが、女性の出家の伝統は廃れてしまった。その復興はなかなか難しいようだ。

テーラワーダ仏教の特徴は、出家者がたくさんの戒律をピリッと守ることである。二〇〇を超える戒律を身につけ、セックスも慎み、金銭にも触れず、俗社会の利害関係からフリーとなることで、出家者は倫理の鑑《かがみ》となる。これにより在家者の尊崇を受け、教団は托鉢《たくはつ》や寄進などを通じて経済的に支えられる。

タイの男性の多くは、生涯に一度、僧になる。会社から有給休暇をとって、数か月間の戒律生活を送る。托鉢をして歩き、瞑想を練習する。一九七〇年代にタイの僧院で僧侶として生活した人類学者の青木保の記すところでは、戒律生活とは日本人が連想しがちなビシバシやるシゴキのようなものではなく、「悠揚せまらぬゆるやかな厳しさ」とでもいったものなのだそうだ。「熱帯の空の下、万事が性急にならず、感情を荒立てることもなく、悠久に過ぎていく」（『タイの僧院にて』）

日本式の厳しさとタイ式の厳しさの違いは、ビシッと決まった姿勢を保つ日本式の禅と、背筋を伸ばさなくてもとがめられることのない、かなり上体が自由であるようなタイ式の瞑想の違いのようなものだ、ともいう。

男性出家者の戒律は全部で二二七個ある。基本をなしているのは不淫（性的な行動をしない）、不偸盗（盗まない）、不殺生（生あるものを殺さない）、不妄語（俺は究極の悟りを得たなどと妄語しない）である。これから始まってさまざまな細目が展開する。

たとえば、性に関しては、異性、同性、動物と淫欲をなすと、僧院から追い出される。修行者が女性と二人だけで部屋の中にいるのを俗人に指摘されたら、それがどの程度の問題行動であったのかを具体的に調査し、相応の懲罰を与える、などなど。所有に関するもの（余分な僧衣を一〇日以上手元に置くことの禁止など）や食事に関するもの（正午から翌日の夜明けまで食べ物を食べることの禁止など）もある。その他、大声で笑ってはいけない、他の修行者をくすぐってはいけない、と続く。

これらの戒律は「悟り」という目的のための手段である。悟りは煩悩が絶えた状態である。究極の状態にまで行って、完全なる覚者――ブッダ――になったのは、上座部仏教の解釈では、釈迦その人しかいない。だが、仏弟子たちも戒律と瞑想を通じて阿羅漢と呼ばれるブッダに次ぐ地位の存在になることを目指す。

在家者は出家者の説教を聞き、よこしまなる性を慎み、盗まず、殺さず、妄語をせず、酒も控えるようにして（五戒↓158ページ）慎ましく暮らし、お寺に寄進することで仏教徒としての生活を守る。実際にはこれに土着の精霊信仰や、占いの信仰などが混ざり、東南アジアの仏教徒の霊的生活も複雑であるようだ。日本でも、仏教の要素と中国思想の要素と神道など日本列島の土着の信仰の要素が混ざった形で宗教が営まれているが、それと同様である。

インドの大乗仏教

さまざまな信仰形態を取り込む

初期の仏教から大乗仏教が派生したいきさつについては、世界史的な流れから理解するのがいいかもしれない。

すでに述べたように、紀元前五世紀の前後数世紀の時期に、釈迦や孔子やイザヤやソクラテスなど初期の知識人たちが輩出した。それから数世紀遅れて、やはり世界各地で、人々をまるごと救済し、社会全体に新たな秩序を与えることを目指す大宗教が成立した。漢帝国における儒教、唐代に国教化された道教、インドのクシャーナ朝の頃から発展を遂げた大乗仏教、グプタ朝のヒンドゥー教、ローマ帝国で流行したミトラス教、キリスト教、グノーシス主義の諸宗教、そしてアラビア半島に出現しサラセン帝国をもたらしたイスラム教である。

釈迦の出家修行中心の仏教から在家の民衆の救済を提唱する大乗仏教が派生した流れは、もちろん仏教固有の歴史であったわけだが、世界史の流れの中に位置づけて、その多面的な意味合いも理解できるはずである。

大乗仏教などはペルシャなど西方世界の影響をけっこう受けている。法華経が成立したのは今のパキスタンのあたりである。当時その地を支配したクシャーナ朝はローマ帝国との交易で潤っていた。法華経は救済神のように描かれた釈迦を資産家の家父長になぞらえて描いているが、この資産家というのは今で言えば国際商社のCEOである。

法華経の記述はカースト制度を超越したようなところがあり、このあたりもインド離れをしている。第二章のポイント1で紹介した法華経の家出息子の寓話とルカによる福音書の放蕩息子の寓話には類似点がある。阿弥陀の浄土である極楽世界の描写も、砂漠のオアシスを連想させるもので、聖書に書かれたエデンの園やギリシャ神話の楽園エーリュシオンにその起源を求める学者もいる。東西交易が盛んであった時代背景を考えるならば、思想や物語の材料などの点でも相互交流があったと見るほうが自然だろう。

法華経や浄土経典などを典拠とする大乗仏教は、こうした新たな時代と新たな社会環境の中で生まれた信仰覚醒運動である。つまり、紀元前五世紀以来の釈迦の諸行無常や諸法無我の修行の仏教のモチーフを、新しい社会の民衆の宗教的欲求にかなうものに鋳直した、ヴァージョンアップした仏教なのである。

大乗運動の当事者たちは、自分たちは開祖の釈迦の民衆救済の意欲に学ぶものだと考え、自ら菩薩《ぼさつ》（若い頃の釈迦を指す呼び名）との自覚をもっていた。目標は自分の悟りの修行のみならず人々の救いに努めることである。自利のみならず利他に励むのだ。それは救いのための「大きな乗り物（マハーヤーナ）」たらんとする運動であった。

大乗の菩薩の行動指針としては六波羅蜜が知られている。初期仏教の教えと違うものではないが、菩薩として社会の中に飛び込み、なお囚われない「空《くう》」の精神（↓97ページ）で行なうべきことを六項目に整理したものである。

・六波羅蜜――大乗の菩薩（求道者）の行動指針（↓100ページ）

布施波羅蜜	ものを与え、真理を説き、安心を与えることに関する指針
持戒波羅蜜	戒律を守ることに関する指針
忍辱波羅蜜	苦難に耐えることに関する指針
精進波羅蜜	仏道に努力することに関する指針
禅定波羅蜜	瞑想による精神統一に関する指針
般若波羅蜜	「空」の智慧に関する指針

最後の般若波羅蜜（智慧波羅蜜）が根本的指針であり、その「空」の精神をもって布施など他の五項目を徹底していくというものである。

大乗仏教は万人救済のためにさまざまな信仰形態を取り込み、仏教の輪郭を大幅に変更した。その点からすればこれは「宗教改革」であり、一種の「新興宗教」であった。

神話的ブッダと信仰

古い段階の様式を伝えるテーラワーダ仏教が、煩悩を脱却する戒律の実践に一点集中しているのに対し、大乗仏教は、無数の神話的なブッダや菩薩を拝んで、その救済力にあやかるという信仰形式を大々的に取り込んでいる。

テーラワーダ仏教においてブッダと言えば、原則として釈迦のみを指す。それに対して、大乗仏教は、広い宇宙のあちこちに無数のブッダがいるとの立場をとっている。そうしたブッダはみな、超能力をもつ神様のような存在である。阿弥陀《あみだ》、薬師、毘盧遮那《びるしやな》、大日如来などはそうしたブッダ（仏、如来）だ。釈迦もまた、その本質は歴史を超えた永遠のブッダであるとされた。また、ブッダ候補生である文殊、弥勒、観音、地蔵などの神話的な菩薩も信仰対象となった。こうした諸仏・諸菩薩は第二章のポイント4で紹介した。

悟りの修行が神話的存在の信仰に転じたのは奇妙なことのように思われるかもしれない。だが、心理的には、悟りの修行と一心不乱の信仰は紙一重のところがある。絶対的な権威とされる神仏のイメージに手を合わせて、一切を神仏に委ねることに専念すれば、自我への執着が消えて、実質的に悟りに近くなるだろう。安心立命が得られるのである。

また、ブッダや菩薩の信仰ばかりでなく、呪術的な信仰も活性化した。

古い仏教は呪術を頼りにすることを原則として禁じていたが、大乗仏教の仏典にはあちこちに呪文が書かれている。たとえば般若心経には「掲帝《ぎやてい》 掲帝《ぎやてい》 般羅《はら》掲帝《ぎやてい》 般羅《はら》僧掲帝《そうぎやてい》 菩提《ぼうじ》僧《そ》莎訶《わか》」という真言（マントラ）が書かれている。真言や陀羅尼というのは、意識のモードを高めるためのキーフレーズ、要するに呪文である。大乗仏教の後期の形態である密教では、ご存じの通り、護摩を焚いて加持祈禱《かじきとう》を行なう。これなど、修行的な機能とマジックとしての機能の両方をもっている。

大乗の運動家は、自分たちもまた、修行を続けることでブッダになれると考えた。ブッダになれるのは輪廻転生の果ての遠い未来だという立場もあるし、マジカルな儀礼を通じて象徴的な形でブッダになれる（即身成仏↓117ページ）とする立場もある。

代表的な大乗仏典

大乗の運動家たちは、大般若経、般若心経、維摩経《ゆいまきよう》、法華経、無量寿経、華厳経、大日経など、無数の仏典を編纂《へんさん》した。これらは釈迦が語ったものではない。瞑想的ビジョンの中でブッダや菩薩がさまざまな教理を説く宗教SFだと考えればいいかもしれない。

代表的な大乗仏典を簡単に紹介しよう。

最初期（一～三世紀）に成立したのは一群の般若経典である。これには道行《どうぎよう》般若経（八千頌《じゆ》般若経）や金剛般若経などさまざまなものがある。大乗の般若経典を合本にしたのが大般若波羅蜜多経で、六百巻もある。最も短いのが二百数十文字足らずの般若心経（般若波羅蜜多心経）である。般若経典は要するに空の智慧（般若波羅蜜多）を説く。物事には実体がないので囚われるな、との心を「空（からっぽ）」という言葉で象徴している。空だということを詳説すれば何百巻も費やされることになるが、最もシンプルに語ると般若心経一巻で間に合ってしまうのである。

維摩経は維摩（ヴィマラキールティ）と呼ばれる在家の紳士が悟りの要点を「何も語らないこと」を通じて示したことで有名である（↓122ページ）。法華経（鳩摩羅什《くまらじゅう》訳の妙法蓮華経が標準バージョンとなっている）は、万人が成仏すること、久遠の釈迦が我々を応援していること、我々が菩薩として日々邁進《まいしん》すべきことをドラマ仕立てで説いた文学的なお経である。阿弥陀経、観無量寿経、無量寿経の三つ（浄土三部経）は、阿弥陀が菩薩時代にみなを救うと誓ったことや、その阿弥陀が現在、極楽と呼ばれる浄土を用意してみなが往生するのを待っていることなどを説いている。

華厳経は釈迦が悟りを開いて宇宙的ブッダ毘盧舎那（ヴァイローチャナ）と一体化している様子を壮麗に賛美する経典であり、ミクロ世界とマクロ世界、瞬間と永遠の相即を説く。また善財童子という少年の求道物語も収められている。

貴婦人が真理を説く勝鬘経《しょうまんぎょう》は、衆生が胎に如来（ブッダ）を宿しているという如来蔵思想を説く。大般涅槃経は、釈迦の臨終の場面を描きつつ、「一切衆生《いっさいしゅじょう》悉有仏性《しつうぶつしょう》」(あらゆる生き物はみな仏となり得る性質をもっている)」と説く(パーリ仏典の同名の経とは別物である)。楞伽《りょうが》経《きょう》の「一字不説」という文句は禅の「不立文字《ふりゅうもんじ》」の典拠となっている(↓121ページ)。

修行者が瞑想で得たビジョンや民間説話などを起源とするこれら大乗仏典は、真理として崇められた。同時代の哲学者たちは仏典の哲学的な分析を行ない、種々の高度な思想を組み上げた。

大乗の哲学者で有名なのは、西暦紀元二、三世紀頃に活躍したナーガールジュナ(龍樹)である。彼は「空」のロジックを哲学的に基礎づける『中論』を著した。物事の相互関係に注目する縁起の理論は彼によるものである。彼の学派を中観派と呼ぶ。他に、人間の意識の構造を分析する唯識派という学派もある。これは現代で言えば深層心理学のようなものである。

・大乗仏教で説かれる代表的な言葉やフレーズ

縁起	物事が相互依存関係(相依)の中にあること(↓94ページ)
空	相互依存関係にある物事には実体性がないこと(したがってあらゆる物事に、悟りにさえも囚われてはいけない)(↓97ページ)

色即是空 空即是色	「物質的現象は空である」「空であるままに物質的現象である」 精神的現象についても同様。般若心経の代表的フレーズ(↓98ページ)
煩悩即菩提 生死即涅槃	「迷いの世界と悟りの世界とは隔絶したものではない」 相互に無関係と考えてはいけないという戒め（↓124ページ）
般若波羅蜜(多)	最高の智慧。「空」の智慧を指す（↓六波羅蜜、100ページ）
仏性	あらゆる生物が本来備えているブッダの本性、ブッダとなる可能性

マジカルな密教

五世紀以降、大乗仏教は概ね密教に向かった。これはシンボルの力を借りて、修行者が自らブッダなどの理想的存在と合体して、その智慧やパワーにあやかるというものである。だから修行者は手に忍者がやるような印契を結び、口に真言を唱え、心をブッダに傾注する。こうしたビジョンに現れる諸仏・諸菩薩を描いたものが曼荼羅という図像である。究極的には修行者は宇宙的存在である大日如来と一体化する。即身成仏である（↓117ページ）。

こうしたワザは仏道修行の行き着いた姿であるが、同時にこれはマジカルなものだ。修行者の加持祈禱によって何らかの現世利益を願うというのも密教なのである。

西暦紀元から一〇〇〇年くらいの間に、インドでは古代からの神々への信仰であるヒンドゥー教が次第に盛り上がってゆくが、密教の世界でもヒンドゥー教の神々を仏道の守護神として取り込んでいった。密教はその後チベットに移入された。今日のチベット仏教は密教と土着の信仰がミックスされたものである。インド本国では、仏教はやがて衰退し、ヒンドゥー教に飲まれてしまった。一三世紀にイスラム教徒が仏教寺院を破壊し、仏教は消滅した。

中国は大乗仏教の全般を受容したが、後代に発達した密教については部分的に取り入れただけである。それを日本の空海がごっそり日本に持ち帰り、真言宗を開いた。他に天台宗も密教を取り入れた。平安朝の日本人はマジカルで仏像も豊富な密教の魅力に取りつかれた。仏教が日本に定着したのは、密教の働きによるところが大きいと言われる。

日本で重んじている大事な密教経典としては、大日経と金剛頂経がある。大日経の記述に従って描いた諸仏諸菩薩一覧図を胎蔵曼荼羅と呼び、金剛頂経に基づく曼荼羅を金剛界曼荼羅と呼ぶ。また、理趣経（般若理趣経）は男女の愛欲が本質的に清浄であることを説く。

東アジアの大乗仏教

中国仏教

大乗仏教は西域（新疆《しんきょう》ウイグル自治区のあたり）を経由して東アジアに伝播した。すでに西暦一世紀には中国に届いている。中国人はそれから数世紀かけて、この西方から伝わってくる高度な思想をなんとか消化しようと努力した。

仏教の伝道者が中国に到着したときには、すでにこの地には、孔子や孟子の儒家思想や、老子や荘子の老荘思想など、高度な思想体系が存在していた。一つの文明の思想や生活様式が別の文明の中に、わずかな数の知識人の渡来だけで完璧に移植されるなどということはまずあり得ないだろう。中国人は完全には輪廻思想に染まらなかったし、家を捨てて修行する仏僧が偉いとも思わなかった（儒教は家の存続と親孝行を大切にする祖先祭祀の宗教である）。インド人は論理的だが極めて迂遠《うえん》な論法を好み、やたらと長い経典を書き、気の遠くなるような修行を目指したが、こういうのは現実主義的でプラグマティックな中国人の趣味には合わなかった。

しかしそれでも、仏教の瞑想の習慣は広まったし、漢語に訳された高度で抽象性に富んだ仏教思想は中国人の頭脳や感性を刺激した。仏典は続々と翻訳された。五世紀の鳩摩羅什と七世紀の玄奘《げんじょう》が、優秀な翻訳者として知られている。理論家たちは大量にある仏典を釈迦が一代で説法したものと見なし、論理的な順序に沿って整理した。

実際には仏典はほとんど一千年の長きにわたって生み出され続けてきた民族的大事業だったのであるが、これをたった一人の人間の思想というふうに読み替えたのである。これはたとえて言えば、紀元前のソクラテスから紀元後のアウグスティヌスまでの西洋哲学の内容の全部をソクラテスが一代で考えた個人思想史として分析したようなものである。

これは歴史学的にはナンセンスだが、思想を体系的に理解するのには役立った。大量にある思想内容の何が根幹で何が枝葉末節であるかを理論的に突き詰めたのだ。

かくして中国には、インドの論文を研究する三論宗や法相宗、法華経や華厳経などの重要な経典に焦点を絞って教理を展開する天台宗や華厳宗といった学問的な仏教宗派が成立した。

しかし、学者仏教の体制は長続きせず、代わって土着化した実践仏教としての禅宗や浄土宗が流行しはじめた。これらは世俗の知識人や一般民衆の間に広く普及するようになった。

禅宗は瞑想行である坐禅に集中する宗派である。これは釈迦以来の瞑想修行の伝統を受け継ぐものであるが、インド的な論理の手順を飛ばして、直観的な把握を重視するあたりが中国的だ。公案と呼ばれる独特なレトリックを重んじ、また、畑仕事などの実作業も重んじる。

浄土信仰は、阿弥陀の浄土への往生を願うものだが、ブッダを想い念仏を唱えるというシンプルな様式は、断然民衆向けであった。今日の中国仏教は禅と浄土信仰が融合した形で実践されている。

日本への移入

六世紀中頃、中国から朝鮮半島や日本列島に仏教が――儒教や道教、政治制度、建築術などの先進技術とともに――伝わった。法隆寺、薬師寺、唐招提寺、興福寺、東大寺など、奈良盆地に栄える古代寺院には、律令国家を精神的・政治的にサポートすることが期待された。いわば文化国家のプロジェクトとして仏教が輸入されたからだ。

これらの寺院では南都六宗と呼ばれる六つの学科（三論宗、成実宗《じょうじつしゅう》、法相宗、倶舎宗《くしゃしゅう》、華厳宗、律宗）を通じて、学者や学生が仏教の教理を研究していた。南都六宗の「宗」とは今日の宗派のようなものではなく、大学の学科のようなものである。たとえば三論宗というのはインドの哲人龍樹などの中観派哲学を研究する学科であり、法相宗とは唯識理論を究める学科、律宗とは戒律を専門的に研究する学科である（律を日本に正式に伝えたのは鑑真〈六八八〜七六三〉であった）。

・南都六宗――古代の奈良盆地の寺院で研究した六つの学問

三論宗	龍樹の空の哲学を研究	東大寺南院
成実宗	三論宗の補助的な学問	元興寺、大安寺
法相宗（＊）	無著・世親の唯識の哲学を研究	興福寺、薬師寺
倶舎宗	法相宗の補助的な学問	東大寺、興福寺
華厳宗（＊）	華厳経を研究	東大寺

律宗（＊）	戒律の研究	唐招提寺

＊は今日も宗派として存続

公の寺院が研究機関めいたものであったのに対し、菩薩の救済精神を自ら実践せんとする民間の仏教者もすぐに出現した。たとえば行基（六六八〜七四九）は全国をめぐって庶民の救済に努めた。

九世紀には最澄と空海が中国に留学して、日本仏教に新たな動向をもたらした。奈良の徳一という僧が「人間には成仏できない者もある」と主張したのに対し、最澄は中国天台宗で重んじる法華経の教えに従ってすべての衆生の成仏可能性を力説した。彼の開いた日本天台宗は、その後繁栄を続け、日本の学問仏教の中心となった（天台宗では次に説明する密教の要素も取り入れている）。

一方、空海は当時の中国で最新流行の教えであった密教をもたらした。彼の宗派を真言宗という。空海は天才肌であり、密教哲学の確立ばかりでなく、各地での土木事業の指導など、多方面で活躍している。

密教は病気平癒や悪霊退散などの呪術的儀礼を行なったので、日本人の心をつかんだ。法華信仰も広まり、法華経の写経やレクチャーが盛んに行なわれた。『源氏物語』(一一世紀)や後白河法皇が今様《いまよう》(当時流行の歌の様式)を集めて編んだとされる『梁塵秘抄』(一二世紀)にも、法華経の話題が出てくる。

中世には、極楽浄土の阿弥陀仏に自らをお任せする法然(浄土宗)、親鸞(浄土真宗)、一遍(時宗)、坐禅を組んでじかに心を制する中国的スタイルの仏教である禅宗を奉じる栄西(臨済宗)、道元(曹洞宗)、天台の伝統を受け継ぎ法華経のみを救いとする日蓮(日蓮宗)など、強烈な仏教的人格をリーダーとする種々の宗派が独立した(一二、一三世紀)。

奈良仏教以来の古代の仏教修行者は種々の教えをまんべんなく学習するのを理想としていたのだが、鎌倉期の改革者たちは、ポイントを切り詰めて、信仰を一点集中型のものにした。たとえば浄土系の教えによれば、南無阿弥陀仏と唱えて阿弥陀のパワーを信頼するだけで救われる。日蓮宗では、南無妙法蓮華経と唱えることが鍵となる。禅宗ではひたすら坐禅に励む。こうした単純化は、大乗仏教の「大きな乗り物」の精神から見れば自然なものであるかもしれない。というのは、奈良仏教のように勉強仏教の形でたくさんの修行を行なうことは、一部のエリート階級にしかかなわないことだからである。

宗教というのは、なんだかやたらとややこしい教理や神学をもっているようでいて、とどのつまりは簡単な一つの実践に集約されたりもする。要するに人間の心や習慣にかかわるものだからである。そういうところが、科学などとは違っている。

中世にはこれらの新興の教団が隆盛を見たが、戦国を経て徳川時代になると、様子が変わってきた。徳川の厳格な統治機構は日本人の行動全般を拘束するようになり、教団は体制内に安住するしか存続の道がなくなった。日本人のほとんどは、村落伝来の行事、家の伝統、神社仏閣の崇拝、修験者などの祈禱、老荘儒仏の教えの信仰を混ぜ合わせたような宗教空間に暮らすようになった。そして仏教は「葬式仏教化」していったのである。

日本仏教の宗派

今日の日本仏教には、おおざっぱに言って、密教、禅宗、阿弥陀の信仰、法華経の信仰の四つのセクションがある。セクションと宗派の関係は次のようになる。

①密教　真言宗、天台宗
②禅宗　臨済宗、曹洞宗、黄檗宗《おうばくしゅう》
③阿弥陀の信仰　浄土宗、浄土真宗、融通念仏宗、時宗
④法華経の信仰　天台宗、日蓮宗

①密教

日本では真言宗や天台宗、海外ではチベット仏教が専門的に行なっているのが密教である。これはマジカルな儀式で有名な宗派である。

空海（弘法大師）（七七四〜八三五）は八〇四年に遣唐使として中国に渡り、密教第七祖とされる恵果からわずか三か月で密教の正統的後継者として認定された。天才肌の空海は日本で私的な修行を積んでいた頃に、教えの大事なところを掌握していたのであろう。空海は帰国すると高野山に金剛峯寺を開き、京都の東寺を天皇から賜った。空海は密教のみならず各方面で活躍し、学校をつくったり満濃池の改修を指揮したりしたが、これ自体も「総合科学」を自任する密教の世界観と密接に結びついている。

なお、密教は、法華経を重視する宗派である最澄の天台宗においても重視されている。空海の始めた宗派は真言宗と呼ばれる。

日本の仏教は、明治以降にはあとで説明する阿弥陀や法華経の信仰が表に立つようになったが、それ以前は圧倒的に密教の影響が強かったようだ。天照大神など日本列島の土着の神々が、ブッダを本体とする化身した姿であると解釈する本地垂迹説《ほんじすいじゃくせつ》は、仏教と神々の距離を縮め、「神仏習合」が日本宗教の常態であり続けた。固有の山岳信仰もまた密教的に解釈され、修験道という混交宗教を生み出した。

②禅宗

中国化した瞑想の伝統すなわち禅を、単独の宗派として初めて日本に招き入れたのは、天台僧である栄西（一一四一〜一二一五）である。彼は鎌倉幕府の庇護のもとで臨済宗を開いた。京都の建仁寺や鎌倉の寿福寺は栄西の創建した寺である。

次に、道元（一二〇〇〜一二五三）も比叡山で学んだあとで、中国に行って禅を修行した。彼は永平寺を創建し、『正法眼蔵』という大哲学書を著した。道元によれば、坐禅の修行そのものが悟りの姿である（修証一如）。ひたすら座ること（只管打坐《しかんたざ》）でブッダが現れるのである。彼の宗派は曹洞宗と呼ばれる。

江戸時代に中国臨済宗の禅僧、隠元（一五九二〜一六七三）が来日し、黄檗宗を開き、厳しい清規《しんぎ》（修行者の戒律）の実践によって一世を風靡した。

なお、江戸時代の臨済宗の僧、白隠（一六八五〜一七六八）は、禅問答のテキストである公案を体系化した。清貧の中で子供と戯れつつ和歌を詠んだ曹洞宗の良寛（一七五八〜一八三一）とともに、今日も親しまれている禅僧である。

心を無にする坐禅は、絶えず生きるか死ぬかという張り詰めた意識の中にいる武士の間で流行した。禅僧たちは芸術方面においても研ぎ澄まされたセンスを発揮し、やがて絵画、作庭、茶道、俳諧など、さまざまな文芸に影響を与えるようになった。禅は高尚なレベルの日本文化を支えるバックボーンであり続けている。

③阿弥陀の信仰(浄土信仰)

平安時代の末、律令制が崩れて武力が社会を支配する時代が訪れた。そんな中で人々は地獄行きの不安に囚われ、末法思想という一種の終末論に悩まされた。天台僧の源信（九四二〜一〇一七）は『往生要集』を著し、地獄を描写するとともに、極楽往生の技法の一つとして「南無阿弥陀仏」と唱える念仏を推奨した。

やはり比叡山で天台の教理を学んでいた法然（一一三三〜一二一二）は、念仏をさらに強調した。末法の時代には人々の能力が衰えているので本格的な修行など行なえない。だから、救済者にすがるしかないのだが、その中で最も容易なのが念仏だ。我々は念仏するだけでも救われる（専修念仏）。法然の開いた宗派を浄土宗という。法然の著作としては『選択本願念仏宗』『一枚起請文』が有名である。

法然の弟子である親鸞（一一七三〜一二六二）もまた、浄土信仰の重要な理論家である。法然一門は弾圧を受けたが、このとき親鸞は流罪となり、僧籍を剝奪された。彼は妻を迎え俗人として暮らした。こんな生活を通じて、親鸞は、自己の能力も善行も頼みとすることなく、ひたすら絶対者である阿弥陀を中心に生きることに徹した。念仏すらも自己の作為ではなく阿弥陀の他力の表れだと思えるほどの心境に達した人は、死後の往生も成仏もコダワリの対象ではなくなっているだろう。

親鸞の宗派は今日浄土真宗と呼ばれるが、これは明治になってからの呼称である。

親鸞の代表作は『教行信証』であるが、むしろよく読まれているのは、明治になってから公開された語録『歎異抄《たんにしょう》』であろう。これは弟子の唯円が師を思い起こして書いた短い本である。

「念仏のせいで浄土に生まれるのか、地獄に堕ちるのか、私は知らない。法然に騙されたのだとしても、私はいい。そもそも私には地獄行きの可能性しかなかったのだから」（同書第二章）、「私には一人も弟子はいない。念仏は私のはからいではなく、阿弥陀のはからいなのだ」（同書第六章）といった名言が多い。

「善人だって往生できるのだから、悪人が往生できて当然だ（善人なおもて往生をとぐ、いわんや悪人をや）」（同書第三章）という悪人正機説は有名だが、これは法然も同じことを言っているので親鸞のオリジナルではない。善人は自分の善行を誇りにするところがあるので、信仰としては不純なところがあり、阿弥陀の救いの意図にそぐわない。しかしそんな善人でも救われるのだから、煩悩の中で自己に絶望している正直な悪人を阿弥陀が救ってくれないはずがない、というのである。

なお、浄土信仰の宗派は他にもある。良忍（一〇七二〜一一三二）は口称念仏を日課とするように勧め、融通念仏宗の祖となった。捨聖《すてひじり》（すべてを捨てた聖者）と呼ばれた一遍（一二三九～一二八九）は、念仏を書いた札を配りながら各地をめぐり、念仏を唱えて法悦の中で踊る踊念仏を流行させた。彼の宗派は時宗である。

④法華経の信仰（法華信仰）

六世紀の中国の学僧・智顗《ちぎ》が釈迦の教えの本質が法華経にあると論じ、中国天台宗を開いたが、これを学問の根幹とする宗派が、最澄（七六七～八二二）の開いた日本天台宗である。彼は比叡山に延暦寺を建てたが、以来この寺は日本の俊英が学ぶ総合大学として絶大な権威を保ち続けた（天台宗の影響力の大きさは、この現実世界をあるがままにブッダの悟りの世界と見る天台本覚思想の浸透力の強さからも知られる）。

中世の日蓮（一二二二～一二八二）は、比叡山に学び、同時代において日本の地で救いとなるものが、久遠の釈迦が我々に託した法華経の信仰であることを確信した。彼は『立正安国論』を著し、仏教界が本筋を見失ったことで災害や犯罪、他国の侵略などが頻出していると幕府に訴えた。また、一念三千（我々の一念の中に地獄から仏までのあらゆる衆生の生の形態が含まれているという説）を基調とする法華経こそが救いであると論じ、「南無妙法蓮華経」の題目を唱えることで法華経の功徳が受けられるとした。

念仏、禅、密教など他の宗派を批判した日蓮は、鎌倉幕府から弾圧された。日蓮はこの弾圧も法華経に予言されたことと考え、ますます信念を深めた。日蓮宗とその系譜の諸宗派に属する信者は、社会に積極的にかかわろうとする意欲が高い。明治以降は、国家主義的なものと結びついたり、民衆救済の新宗教（霊友会、立正佼成会、創価学会など）を生み出したり、宮沢賢治の描く社会奉仕の詩的ビジョンをもたらしたりなど、多様に開花している。

日本仏教の歴史

6世紀	仏教伝来（538年あるいは552年）	
	仏教推進派の蘇我氏と仏教排除派の物部氏の争い（蘇我氏が勝つ）	
7世紀	聖徳太子、十七条憲法を定める（604年）	
	仏教輸入が国家事業となり、各地に寺院が建立される	
8世紀	南都六宗と呼ばれる六派の学問仏教が栄える	奈良時代
	東大寺大仏、開眼供養（752年）	
	鑑真による日本初の正式の授戒（754年）	
9世紀	最澄（767～822）、中国から法華思想を伝え、**天台宗**を開く	平安時代
	空海（774～835）、中国から密教を伝え、**真言宗**を開く	

10世紀	空也（９０３〜９７２）、都で念仏を広める	平安時代
	源信（９４２〜１０１７）、『往生要集』を著し、極楽往生と観想と口唱の念仏を説く	平安時代
12世紀	良忍（１０７２〜１１３２）、念仏が融通しあうと説く（**融通念仏宗**の始まり）	鎌倉時代
	法然（１１３３〜１２１２）、専修念仏を説く（**浄土宗**の始まり）	鎌倉時代
	栄西（１１４１〜１２１５）、中国から禅を伝える（**臨済宗**の始まり）	鎌倉時代
13世紀	親鸞（１１７３〜１２６２）、非僧非俗の立場で念仏を追求する（**浄土真宗**の始まり）	鎌倉時代
	道元（１２００〜１２５３）、永平寺で禅を指導し、只管打坐を説く（**曹洞宗**の始まり）	鎌倉時代
	日蓮（１２２２〜１２８２）、法華経こそが救いであるとする（**日蓮宗**の始まり）	鎌倉時代
	一遍（１２３９〜１２８９）、全国を遊行して念仏を勧める（**時宗**の始まり）	鎌倉時代
16世紀	信長、比叡山焼き討ち（１５７１年）	近代・中世末期
17世紀	隠元（１５９２〜１６７３）、中国から帰化し禅宗に新風を吹き込む（**黄檗宗**の始まり）	近代・中世末期
	徳川政権下、人々は寺の檀家となり仏教は民衆化するが、葬式仏教化も	近代・中世末期
18世紀	臨済宗の白隠（１６８５〜１７６８）、公案を用いる修行法を大成する	近代・中世末期
19世紀	曹洞宗の良寛（１７５８〜１８３１）、諸国で遊行し、ひょうひょうとした生活を送る	近代・中世末期
	明治政府による神仏分離令（１８６８年）。廃仏毀釈が起こり、寺院が荒れる	現代・近代
	僧侶の肉食・妻帯が許される（１８７２年）	現代・近代
20世紀	近代文献学による批判的仏教学の発展とともに、日本仏教の相対化が始まる	現代・近代
	国家主義を助長する仏教運動や、民衆を救済する新宗教が台頭する	現代・近代
	禅が欧米社会に広く知られるようになる	現代・近代

日本仏教の体現する四つの方向性

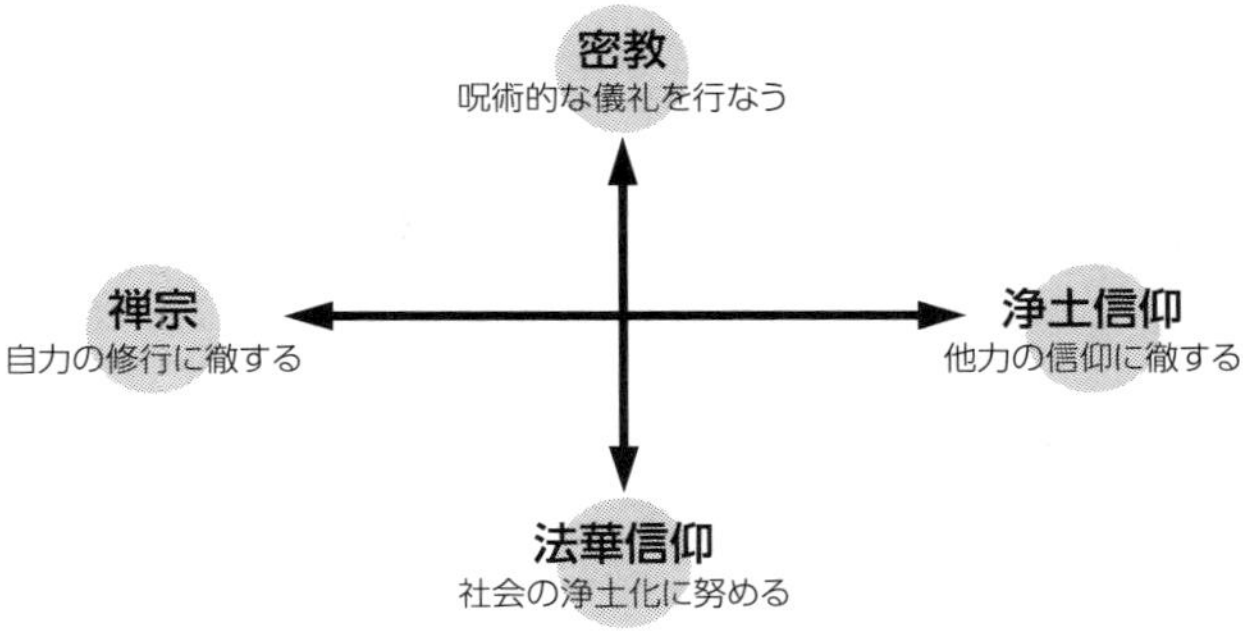

日本仏教の体現する四つの方向性

というわけで、日本にある四大宗派は、自力の修行に徹する禅宗、他力の信仰に徹する浄土信仰、社会の浄土化に努める法華信仰、呪術的な儀礼を行なう密教と、宗教のもつ四種の方向性を網羅している。こうした分業が日本仏教の特徴である。四つの派閥が互いに協力しあうと無敵の強さになりそうである。

また、日本仏教を含む大乗仏教は、如来や菩薩などの力を借りる信仰のシステムを発達させている。これはキリスト教やイスラム教などの一神教の「信仰」に通ずる要素である。

日本仏教は世界の諸宗教を橋渡しするポテンシャリティを具《そな》えていると言えるかもしれない。

宮沢賢治の中の仏教

現代日本人は「無宗教」をもって任じ、仏教に関する教養的な知識も乏しくなっている。それでも仏教的な思考はさまざまな形で日本人の血肉となっている。

第一章で宮沢賢治について触れたが、現代日本の文化的次元における仏教について考えるとき、在家の熱心な仏教者でありかつ現代的でリベラルな宗教心の先駆けのようなところをもっている賢治と彼の文学のことを思わずにはいられない。

宮沢賢治の有名な「雨ニモマケズ」には、原始仏教の理想と大乗仏教の理想が仲良く並んでいるので、確かめてみよう。

雨ニモマケズ　風ニモマケズ
雪ニモ夏ノ暑サニモマケヌ　丈夫ナカラダヲモチ

ここに書かれた身体の理想は、賢治が結核を病んでいたことからくる正直な願いであろう。あるいは、彼が地元の名士の坊ちゃんであり、肉体労働をして暮らす農民たちの苦労を自分が本当には知らないということに対する「すまない」という気持ちから書かれたものかもしれない。

慾ハナク　決シテ瞋《イカ》ラズ　イツモシヅカニワラッテヰル
一日ニ玄米四合ト味噌ト少シノ野菜ヲタベ
アラユルコトヲ　ジブンヲカンジョウニ入レズニ
ヨクミキキシワカリ　ソシテワスレズ

「慾ハナク　決シテ瞋ラズ　イツモシヅカニワラッテヰル」は貪欲（むさぼり）、瞋恚（いかり）、愚癡（おろかさ）の克服だろう。これは原始仏教以来の悟りの目標である（↓125ページ）。愚かさとは仏教の真理を理解できない迷妄のことであるから、その克服は、いつも静かに笑っている悟りの境地となるのだ。「一日ニ玄米四合ト……」以下の三行も、それぞれ貪瞋癡の克服に相当する。

野原ノ松ノ林ノ蔭ノ　小サナ萓《カヤ》ブキノ小屋ニヰテ
東ニ病気ノコドモアレバ　行ッテ看病シテヤリ
西ニツカレタ母アレバ　行ッテソノ稲ノ束ヲ負ヒ
南ニ死ニサウナ人アレバ　行ッテコハガラナクテモイヽトイヒ
北ニケンクヮヤソショウガアレバ　ツマラナイカラヤメロトイヒ

この部分には東西南北に救済に走る姿が描かれているが、これは大乗の菩薩の願いである。これが賢治の願いの中核部分をなしている。

ヒデリノトキハ　ナミダヲナガシ
サムサノナツハ　オロオロアルキ
ミンナニデクノボートヨバレ
ホメラレモセズ　クニモサレズ

理想を求める者は必ず挫折を味わう。賢治はここに天候不順と他人の無理解という二種類の挫折を書いている。「ホメラレモセズ　クニモサレズ」というのはまるっきりの無視ということで、批判されたり攻撃されたりするよりも打撃が大きい。賢治は「そのようなひどい状況があるというのも、想定内のことだ」と言いたかったのだろう。

サウイフモノニ　ワタシハナリタイ
南無無辺行菩薩　南無上行菩薩

南無多宝如来　南無妙法蓮華経　南無釈迦牟尼仏
南無浄行菩薩　南無安立行菩薩

「サウイフモノニ　ワタシハナリタイ」は「デクノボーになりたい」という意味ではない。この一文はこの文章の全体にかかる。貪瞋癡を克服して東西南北の救済に尽力する、最悪の状況は百も承知の、そういう者に私はなりたい、ということであろう。

「雨ニモマケズ」は大乗の菩薩としての誓願文である。この誓願の根拠となるのが「南無……」を列挙した部分である。中央に「南無妙法蓮華経」とある。つまり法華経が究極的根拠なのである。「南無妙法蓮華経」の周囲に書かれた菩薩や仏の名前はいずれも法華経に登場するものである。

日本人は教理的な宗教は好まないが、文芸作品を通じた宗教的感興は大いに好む。こうした傾向は、もともと多様な信仰形態を許容する大乗仏教の論理によって育まれたところがある。法華経からしてかなり文学性の高い経典なのである。

第五章　仏教を通して学ぶキリスト教とイスラム教

国際ニュースをにぎわしている大宗教を理解するにあたっては、日本人の宗教的思考法の発想の源泉となっている仏教の教えや歴史と対比することが重要である。本章では、比較のポイントを四つに絞った。

比較①では、キリスト教とイスラム教の「神」について考える。この神は社会正義を求める。これに対して仏教が求めるのは、原則として個人の悟りである。

比較②では、釈迦《しやか》、イエス、ムハンマドという三人の開祖の伝記を眺めてみる。また、彼らに発する教えをまとめた仏典、聖書、コーランの性格の違いについて考える。

比較③では、信徒がふだんどんなことをやるのかを見ていく。修行の仕方、祈りや読誦の仕方、戒律の守り方などである。

比較④では、それぞれの宗教の来世観を見ていく。キリスト教やイスラム教では死後に神の裁きがある。これと輪廻《りんね》の来世観とはどのように違っているのだろうか。

比較①悟りと神の正義

一神教の基本構造

仏教は悟りを求める宗教である。これに対してキリスト教やイスラム教などの一神教は神を求める。この神はさまざまな自然現象や社会現象の象徴のような存在である神道の神々と異な

一神教の派生関係

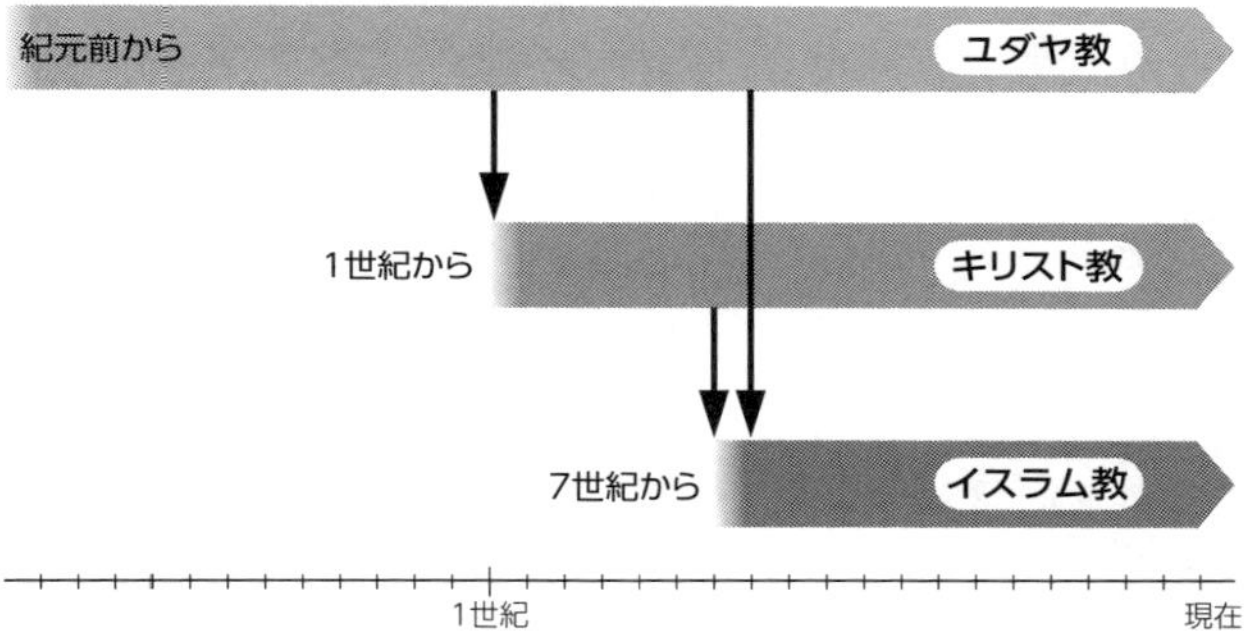

り、全宇宙に責任をもつ一個の意思である。「天地創造の神」であるとされるのは、このことを表している。

キリスト教とイスラム教は実は親戚関係にあり、その血脈の出発点はユダヤ教にある。ユダヤ教はユダヤ人の奉じる宗教で、人口から言ったら小さな集団であるが（ユダヤ人の人口は全世界で一四〇〇万人程度）、宗教史的な意義は大きい。

紀元前からユダヤ教は存在しており、西暦一世紀にそこから派生したのがキリスト教、七世紀にユダヤ教とキリスト教の影響のもとに誕生したのがイスラム教である。だからこの三つの宗教の「神」は理論的には同一の神である。イスラム教でいうアッラーとはアラビア語で神そのものを意味する。「アッラーの神」というカミサマではない。

ユダヤ教の神学によれば、天地創造の神はユダヤ民族にさまざまな教えや戒を授けた。それを守るのがユダヤ教徒の仕事だ。

そして、キリスト教の神学によれば、天地創造の神は新たにイエス・キリストという形で姿を現し、人々に範を示した。キリストを信じるのがキリスト教徒の仕事だ。

そして、イスラム教の神学によれば、天地創造の神は、かつてユダヤ教徒とキリスト教徒に示した神の教えを、最も簡潔で純粋な形で預言者ムハンマドに託した。この教えを実践するのがイスラム教徒の仕事だ。

というわけで、これら一神教の信者の奉じる天地創造の神は歴史に介入して人類に教えを垂れる神である。

神が求めているのは、人々が平等に暮らし、弱者をいたわる正義の社会の実現である。天地創造の神の特徴は社会正義を求める神であるということだ。

言い換えれば、仏教徒が（ブッダが範を示したという）悟りという理想を追求しているのに対して、ユダヤ教徒やキリスト教徒やイスラム教徒は社会正義という理想を――神の名において――追求しているのである。

神の信仰がスピリチュアルな次元のテーマだとすれば、これと表裏一体の関係にあるのが、現実的・物質的な次元における社会正義の追求である。信者が天を向いて「神よ！」と叫ぶ姿があるとき、その人は実質的に地に向かって「正義よ！　善人が報われる善き社会よ！　平和よ！　愛よ！」と叫んでいるのだ。「神」はどこにあるのかと宇宙空間を探しても見つかりはしないだろう。社会の理想を求めるときに、神が立ち現れる。そんな精神世界なのだ。心の平安を求めるときにブッダを思う仏教徒の気持ちを考えると、これはよく分かることではないだろうか。

偶像崇拝の禁止

キリスト教やイスラム教では「偶像崇拝を禁止している」とよく言われるし、それは本当であるが、それは単に「神様の姿を絵に描いて拝んではいけない」ということではない。問題の本質は、地上のいかなるものも神そのものと思ってはいけないということである。だから当然、王や大統領や政治や経済界のドンや科学や芸術の天才や偉人や映画スターやアイドルなどを拝んではいけない（いわゆるアイドルとは英語のｉｄｏｌすなわち偶像を意味する言葉である）。

これは神が人間の平等を求めるということと密接な関係がある。人間の間に価値の序列をつけてはいけないのだ。実際には一神教徒も国王や大統領やＣＥＯやセレブの前ではペコペコしているが、建前としては人間界にヒエラルキーがあってはならない。

これは仏教で言えば、諸行無常や諸法無我の教えに対応すると見ていいだろう。あらゆるものは変化するものであり、実体はない。だからそれに囚われてはいけない。色即是空と言って

仏教のテーマと一神教のテーマ

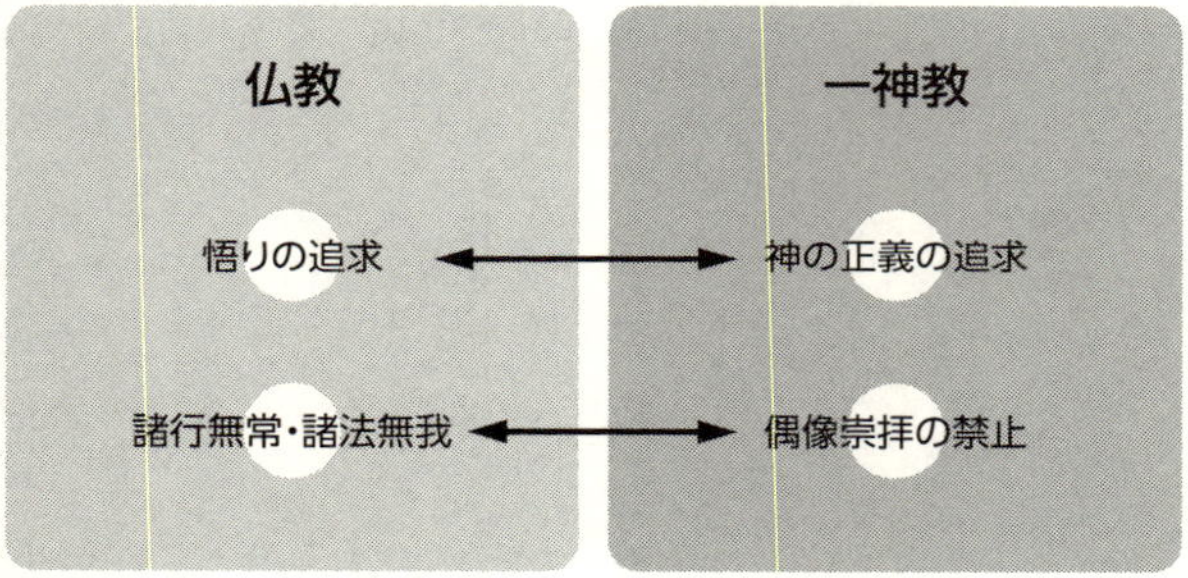

も同じことだ。仏教の観点から見ても、王様や社長さんや権威者やアイドルに心奪われるのは煩悩の表れなのである。

三位一体は多神教か一神教か

一神教の間には神学的な解釈のズレがある。

キリスト教ではユダヤ教伝来の天地創造の神に加えて、イエス・キリストという救世主を拝する。では、神と救世主とはどういう関係にあるのかと言えば、キリスト教の公式神学では、両者はイコールで結ばれる。これに、信者の心に現れるカミサマである聖霊を加えて「父（＝ユダヤ伝来の神）」「子（＝救世主イエス・キリスト）」「聖霊」の三つを同一の神と考える三位一体説が、キリスト教の教理である。

神様は一体なのに三体でもあるというのは、論理的には理解しにくい。イスラム教的に解釈すれば、このような説は多神教的だということになる。三体の神様を拝んでいる

キリスト教の神は三位一体

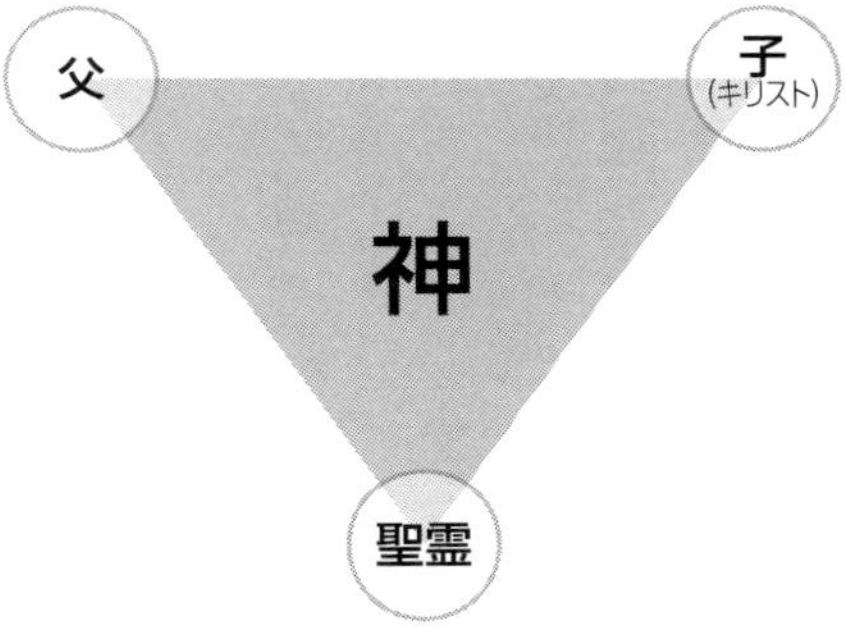

からだ。

また、キリスト教では十字架にかけられたイエスの像を一生懸命拝むし、東方正教会という一派ではイコンと呼ばれる仏画のような聖画を拝する。これも偶像崇拝に相当しないのかと議論された時代があった。

ちなみに、イスラム教でキリストにあたる重要な存在は、聖典コーランである。コーランをぞんざいに扱ったりするのは、ちょうどキリスト像や仏像に泥を塗ったりするようなバチ当たりな行為である。

仏教では、たくさんのブッダや菩薩《ぼさつ》などを拝むが、一神教の立場からこれを「偶像崇拝」と早とちりする人もいるかもしれない。だが、十字架上のキリストを礼拝する敬虔なクリスチャンは、仏像の前で心を鎮める仏教徒の気持ちを理解することだろう。

大乗仏教におけるたくさんのブッダはいずれも究極の悟りの真理（法、ダルマ）の体現者であるという意味では究極には一なるものである。菩薩のほうは、カトリックや正教会で重視する聖人に近いし、キリスト教とイスラム教が共通して信仰するガブリエルなどの天使にも近い。

そういう意味では、仏教もまた一神教的に見てそれほど妙なことをしているわけではない。曼荼羅《まんだら》などに描かれる無数のブッダや菩薩は、すべて悟りの宇宙のさまざまな要素を象徴的にビジョン化したものだ。

比較②釈迦、イエス、ムハンマド

三人の開祖の違い

仏教の開祖である釈迦は「悟った人」である。ブッダとは「目覚めた（＝悟った）人」を意味する称号だ。ただし、悟りの背景には宇宙的真理が控えているということで、この真理（法、ダルマ）を象徴する存在である宇宙的ブッダのビジョンを生んだ。釈迦は人間でもあり超人的なブッダでもあると想像されている。

キリスト教の開祖であるイエスは神が地上に現れた姿であり、「神の子」とか「キリスト」などと呼ばれる。キリストはメシアとも言うが、救世主のことである。

イスラム教の開祖であるムハンマドは神の言葉を人間に伝えた「預言者」だ。神の言葉を預かったので預言者と書く。ムハンマドはイスラム教徒から尊敬される模範的人物であるが、キ

宗教	開祖	開祖の称号
仏教	釈迦	ブッダ……悟った人
キリスト教	イエス	キリスト……救世主
イスラム教	ムハンマド	預言者……アッラーの使徒

リストと違って神ではない。神と人間との違いにはっきりケジメをつけるのがイスラム教の特徴である。

（なお、紀元前の昔に一千年もかけて徐々に成立したユダヤ教には、特定の開祖はいない。ユダヤ教はヒンドゥー教や神道などと同様に、民族の歴史の中から生まれた宗教である）

「ブッダ」「キリスト」「預言者」と、三人の神学的な立場は異なるが、いずれも信者たちにとって人生の模範となっている点では共通している。

釈迦の生涯と中道の悟り

第四章ですでに解説したが（↓149ページ）、釈迦は紀元前四六三〜三八三年頃に生きたインドの宗教家である。本名はガウタマ・シッダールタ、通称はシャーキャムニ（釈迦牟尼）である（「シャーキャ族の聖者」という意味）。

釈迦はインドの少数部族シャーキャ族の王子として生まれた。若くして結婚し、子供をもうけた。だが、病・老・死の問題をめぐって悩み、二九歳で王子の地位を捨てて出家し、数年間苦行を続ける。その後、菩提樹の下で瞑想《めいそう》して悟ってブッダ（目覚めた人）となった。そして教えを弟子たちに伝えるうちに大教団が生まれた。教団に入らない一般民衆も「在家」として釈迦の教えに耳を傾けた。

八〇歳で死去すると荼毘《だび》に付され、遺骨はインドの各民族の間で分配された。

釈迦の生涯で重要なのは、王家での生活、苦行林での生活、瞑想の末の悟りという三つの局面が、快楽を避け、苦行を避け、中道で悟るという教えのモデルとなっていることである。テーゼ・アンチテーゼ・ジンテーゼの弁証法のようなもので、これは理論的に抽出された修行モデルを開祖の生涯に投影したものであるかもしれない。

インド人は輪廻転生を信じているが、釈迦が過去のさまざまな生においても衆生に超人的に尽くす様子を描いた説話（本生譚、ジャータカ）がたくさん生まれた。この利他の生活も仏教徒の模範となっている。

イエスの生涯と愛の教え

釈迦は心についての教えを説く師であったが、結局それはブッダという何か神学的な存在として解釈されるようになった。同様に、イエスという人物も、民衆に「神の国」についての教えを説く師として出現し、人々から救世主キリストという神学的存在として解釈された。

ある意味で、釈迦よりもイエスのほうが劇的かつ神秘的である。というのは、キリストは十字架にかけられて死んで甦って天に昇ったとされているからである。そしてこのキリストの死と復活がキリスト教の最大のテーマである。

歴史上の人物としての「ナザレのイエス」の生涯は、次のようなものである。ナザレは彼がもともと住んでいた町の名前である。「レオナルド・ダ・ヴィンチ（ヴィンチ村のレオナルド）」のような呼び名である。

紀元前四年にパレスチナに生まれたユダヤ教徒の木材加工業者の男、ナザレのイエスは、三〇歳頃から人々に「神の国」の到来を説くようになった。しかし彼は、ユダヤ教の主流派の宗教家やユダヤ神殿の祭司たちから危険人物と見なされた。自治政府は彼を逮捕し、冒瀆罪で有罪とした。当時この地に君臨していたローマ帝国の現地総督は、イエスに反逆者に対する極刑である十字架刑を科した。紀元後三〇年頃のことである。イエスは三〇代初めという年齢で悲劇的に死んでしまった。

イエスの死後、人々の間でイエスが甦ったという噂が広まった。弟子たちや女性信従者たちはイエスの姿を見たと主張した。彼らはまた、イエスをユダヤ教徒が長年待望していた救世主だと考えた。この救世主のことをユダヤ人の言葉でメシア、当時の国際語であるギリシャ語でクリストスと呼ぶが、クリストスを日本語読みしたのがキリストである。

このキリストであるイエスを信奉する一派は、やがてユダヤ教徒以外の信者も認めるようになったので、ユダヤ教とは別個の宗教としてのキリスト教が誕生した。

というわけで、イエス・キリストのドラマは生前と死後の二局面から成り立っている。危険人物と見なされた生前の局面。大宗教をもたらすに至った死後の局面。

では、生前のイエスは何を説いたのか。

イエス伝である福音書の記すところによれば、彼は「神の国」の到来を説いた。もうすぐ神の国がやってくる。世の中がユートピアに向かうというのだ。具体的にはどんな社会かというと、これは一神教のテーマ、神の正義が実現する社会のことのようだ。

では、どんな社会が神の正義の社会かというと、それは愛——恋愛や肉親の愛ではなくあなたの隣人への愛——を人々が実践する社会である。

イエスは愛の範を示し、貧者や病人や「罪人」と呼ばれる社会から差別された人々の間で暮らした。その一方で、金持ちや巷《ちまた》の道徳家や神殿の祭司などを偽善的であると言って非難した(そんなわけだから、彼は支配階級から恨まれて冤罪裁判にかけられて死刑に処されたらしい)。

死後の復活という神話的ドラマ

愛を説いた宗教家が殺されてしまった。これは愛の実践が生半可なものではないことを暗示している。イエスは、人はみな自分の十字架を背負わなければならないと言ったが、誰しも愛を実践しようとすると、多くの苦しみを味わい、十字架を背負ったキリストのように死の苦しみを味わうはめになる。

ここで仏教徒として思い起こすのは、禅などで、我々は一度死んだ気になって取り組まなければ一片の悟りも得られるものではないと言われていることである。悟りの修行は生半可なことではできないのだ。本当に死んだら元も子も無くなるが、徹底的に自我を殺すのが仏道修行の目標となる。そして死んで生まれ変わるのが悟りである。

キリスト教では、愛を説いたイエス自身が死んで復活した。そして信者はイエスの死と復活にあやかって、自らも再生へと向かう。イエスの孫弟子であるパウロは、一度自我が死んで、自分自身の中でキリストが生きるようになったと言っている。

この復活や再生にはさまざまなニュアンスが込められている。ヤクザもんが足を洗うように、あなたが世俗の罪から足を洗って信者の暮らしを始めたとすれば、それは一種の復活だろう。あるいはあなたが愛を実践して世の中でさんざん苦労して、ついに死期を迎える。だが、死後には神の御前で甦ることができると信じたとすれば……これも復活である。

仏教の悟りにも、復活と同様に、さまざまなニュアンスがある。日々の暮らしの中で、何か大事なことに気付くこと。これも悟りである。不完全なままで死んでも、輪廻の彼方では成仏できると信じること。この成仏が悟りであり、成仏の信仰がまた一種の悟りだ。

というわけで、イエス・キリストの伝記は死後の復活という、まるで不合理で信じ難い「神話」とセットになっているが、そうした神話的なドラマを通じて、信者は一種の悟りを得るのだと解釈することも可能である。

（なお、キリストは処女マリアから生まれたとか、悪魔と対決したとか、病人を奇跡的に癒したとか、死んだ者まで復活させたとか、湖の上を歩いたとか、わずかな数のパンを祝福して五〇〇〇人の信者にたらふく食べさせたとか、さまざまな奇跡譚が伝わっている）

ムハンマドの生涯と神の啓示

イスラム教の開祖ムハンマド（五七〇頃〜六三二）は「預言者」「アッラーの使徒」と呼ばれるが、彼自身は救世主でももちろんカミサマでもなく、あくまでも一介の人間であったとされる。ただし、神に忠実な、篤実で親切なすばらしい人物であり、イスラム教徒の生活の模範である。

生涯を見てみよう。

ムハンマドが活動したのは七世紀のアラビア半島の交易都市メッカである。

メッカは国際交易の一大拠点であったが、同時にアラブの諸部族にとっての信仰の拠点でもあった。当時のアラブの諸部族は部族ごとの神々をお祀りしていた。たくさんの神々の像をメッカのカアバと呼ばれる一種の祠《ほこら》の中に収めていた。メッカは宗教都市であり経済都市であった。というか、古代社会はどこでも宗教と経済活動が――そして政治活動が――密接に結びついている。メッカの多神教とはそのようなものであった。

ムハンマドはメッカの支配的部族クライシュ族の一員として生まれたが、誕生以前に父が、六歳のときに母が亡くなり、孤児となり、祖父と伯父のもとで育てられる。富裕な女商人ハディージャに雇われ、シリアへの隊商貿易に従事する。二五歳のとき、一五歳年上のハディージャと結婚する。

商人のムハンマドが宗教家になったのは中年にさしかかってからだ。三〇歳頃、メッカ近郊の山で瞑想を行なっているときに、ムハンマドは大天使に「誦《よ》め」と言われて、神の言葉の啓示が始まる。神の教えは基本的に、社会の正義にかかわるものであり、人々の間の不平等などに対する是正を求めるものであった。ムハンマドの伝える言葉を信じて、彼と行動をともにした初期の信者のことを教友と呼ぶ。布教の拡大とともに、クライシュ族の有力者からの迫害が起こる。彼を擁護した伯父のアブー・ターリブが亡くなり、布教が困難となる。

ムハンマドはユダヤ教徒の多いヤスリブ（現在のメディナ）の市民に迎えられ、信者とともに移住し、信者とユダヤ教徒の信教の自由を保障する憲章を制定する。この地での共同体がのちのイスラム的ライフスタイルの規範となる。だからこのメディナ移住（ヒジュラ、聖遷と言う）は非常に重要な歴史的転換点と見なされ、イスラム暦の元年となっている（西暦六二二年）。

メッカのクライシュ族とその同盟者からの攻撃が続き、戦闘にまで発展したが、ムハンマドの勢力は発展を続け、結局、メッカ市民も折れてしまう。六三二年、メッカはムハンマドの大巡礼を受け入れる。ムハンマドはカアバの中にあった部族の神々の像を始末する。このときを記念して、今でもイスラム教徒はメッカに巡礼し、カアバの周りをめぐって礼拝する。世界中のイスラム教徒の礼拝の向けられる先もまたこのカアバである。

まもなくムハンマドは没し、メディナに葬られる。ムハンマドが受けた神の啓示の言葉がコーランとして編纂《へんさん》されたのはムハンマドの死後のことである。

神の言葉と人生のモデル

預言者ムハンマドの生涯は、イスラム教徒にとっての人生のモデルであるが、彼が神から託された言葉というのは、あくまでも神の言葉であって、ムハンマドの言葉ではない、とされる。教えの要点は、社会の平等性の追求だ。たとえば孤児を大事にせよ、貧者のために喜捨せよと説いている。また、当時のアラブの悪しき慣行として女児が生まれたら殺してしまうというのがあったが、これも厳しく非難した。当時は世界中に男尊女卑の風があったが、ムハンマドの告げる神の言葉は、女性にもしっかり遺産相続権を与えている。これは画期的なことである。

イスラム誕生のドラマにおいて、重要なのは、従来の部族社会は部族の神々の信仰を通じて無数の慣行を守っており、その中には差別的なものも残酷なものも多かったということである。しかも交易が発展するにつれて経済格差も大きくなっていった。部族の神々ではこうした問題に対処できなくなっていた。

そこで、そうした神々を超越した、唯一絶対なる神の視点で、社会のシステムを一新したのがイスラムだったのである。イスラム教のテーマは平等と平和の実現であり、それは宗教、政治、経済のすべての側面を横断した社会制度全般の問題であった。

この一大制度的転換を果たしたのが預言者ムハンマドであり、彼の宗教は、ユダヤ教、キリスト教以来の一神教のテーマ、神の正義の実現を真っ正直に貫徹せんとするものであった（メッカ周辺にはユダヤ教徒もキリスト教徒も大勢いたから、ムハンマドは二つの宗教のことはすでに知っていた）。

というわけで、ムハンマドの生涯は、釈迦の生涯ともイエスの生涯とも大きく異なる。釈迦は心の修行を説き、イエスは「復活」という神秘的な出来事のシンボルとなった。しかしムハンマドの生涯は、イスラム共同体という一個の社会の指導者のそれである。そういう意味では彼は政治家であった。

仏典、聖書、コーランの教え

教典は開祖の教えや事績を中心にまとめられたものであるが、三つの宗教の教典の扱いはそれぞれに個性的だ。次ページの表をご覧いただきたい。

仏典（お経）に、テーラワーダ仏教で用いる原始仏典と、大乗仏教で用いる大乗仏典の二種があることについては、第四章で説明した通りである。お経は開祖の釈迦の教えや事績を記したという建前で書かれているが、重要なのは、これが修行や瞑想や信仰のマニュアル、ガイドブックとして用いられるということである。

修行や瞑想や信仰に役立てばそれでいいので、開祖その人へのこだわりはキリスト教やイスラム教などと比べて薄く、日本の各宗派では空海、法然、親鸞、道元、日蓮といった宗祖の書いたものや、禅僧の言葉を集めた禅語録などを、インドのお経よりも熱心に読む。

聖書（バイブル）と呼ばれる本は二種類ある。旧約聖書と新約聖書である。すでに説明したようにキリスト教はユダヤ教から派生した。そのユダヤ教の教典が旧約聖書だ（旧約聖書の中の重要な部分を律法と呼ぶ）。そして開祖イエスの神秘的な事績を記したのが四種の福音書（マタイによる福音書、マルコによる福音書、ルカによる福音書、ヨハネによる福音書）であり、これと使徒パウロの神学的な書簡などをセットにしたのが新約聖書である。旧約も新約もともに尊重されるが、もちろん最も大事なのは新約、とくに福音書である。ちなみに、「旧

三つの宗教の教典

仏教	仏典（原始仏典＋大乗仏典）	開祖の事績、修行のマニュアル、諸仏をめぐる神話など
キリスト教	聖書（旧約聖書＋新約聖書）	開祖イエスの事績やそれをめぐる神学的解釈など
イスラム教	コーラン	神（アッラー）が預言者ムハンマドに与えた言葉の記録

約」とは神様との旧《ふる》い契約、「新約」とは神様との新しい契約、という意味である。

キリスト教では伝統的に、聖書のみならず、聖書を編纂した教会の伝承も重んじてきた。今でもカトリック教会はそうである。これに対して聖書のみを信仰の源泉としようとするのがプロテスタントである。

イスラム教の教典はよく知られているようにコーラン（アラビア語でクルアーン）である。これは預言者ムハンマドが神（アッラー）から受けた啓示の言葉を、ムハンマドの死後に編纂したものである。ムハンマドの口から語られているが、一人称で語っているのはアッラーであり、ムハンマドは聞き手である。

イスラム教徒は、神の教えとムハンマドの事績とを厳格に区別する。預言者ムハンマドがどんなふうに暮らし、個人的にどんな言葉を語ったかのほうは、『ハディース』という書物にまとめられている（重要な『ハディース』は日本語でも読める）。

教典の地位や扱い方は宗教ごと、宗派ごとにさまざまであり、単純に、仏典、聖書、コーランと並べて論じることはできない。書かれたものに対する尊崇の度合いは、一神教では極めて高いが、仏教はそれほどでもない。一神教ではファンダメンタリストといって、教典の文言を字義通りに読もうとする人々が出現しやすい。実際には彼らも自分たちの都合に合わせた読み方をしているのだが、自分の読み方こそ絶対だと言いたくなるのである。「不立文字《ふりゅうもんじ》」といって言語の働きを相対化して眺めている禅の伝統とは、対極的な姿勢だ。それだけに、現在、西欧社会では禅が注目されているわけである。

比較③修行、信仰、イスラム法
天国を目指す暮らし

仏教徒は出家者と在家者の二種に分かれる。出家者とは修行を専門に行なう者であり、在家者は一般社会で暮らす信者である。この二分法に近いものがキリスト教にもあって、修道士・修道女は仏教の出家者のように特別な規範に従って身を律して暮らす。修行とは言わずに修道と呼ぶが、両者には似たようなところがある。

仏教は本来出家の暮らしが本筋なのであるが、キリスト教ではあくまで平信徒（仏教的に言えば在家者）が主体である。平信徒のままでも神の教えに正しく従っていれば天国行きが望める。

仏教が（輪廻の彼方の）悟りの完成を目指すゲームであるとすれば、キリスト教は死後に神の審判を受けて天国にゴールインできることを目指すゲームである。では、どうやって暮らすのがいいのかというと、何よりもまず洗礼を受け、クリスチャンとしての自覚をもつ。そして日曜ごとに行われる聖餐式（ミサ、聖体礼儀）と呼ばれる儀式を通じて、象徴的にキリストの恵みを受ける。そして教会や聖書の教えに従って清く正しい日々を送る。

神に祈れば奇跡が起きて病気が治ったり開運したりするかもしれないが、それが教えのポイントなのではない。現世利益を願うのは公式には邪道だ。雨の日も嵐の日も陽の射す時と同様に神様中心に生きるのを旨とすべきなのである。

さて、仏教と比べてみよう。洗礼というのは仏教でいう三帰依にあたる。仏法僧の権威を認めるのは三帰依だ。出家も在家もこれを宣言するのが望ましい。キリスト教の洗礼もキリストをこそ権威の源泉と認めて生活を律するようにするとの覚悟の表明だ。

とはいえ、クリスチャンの多くは赤ん坊のときに洗礼を受けているので、本当に自覚があるのかどうかは定かではない。子供時代から青年時代にかけて改めて信徒としての自覚をもつようにするしかない。心理学や社会学などでよく言われるのは、信者には一度生まれ型と二度生まれ型があるということである。一度生まれ型の人は、気質的に言って人生の問題で深く悩まない。だから改めて深い信仰生活に入るなどということはしない。教会に行くのは惰性のようなものだ。二度生まれ型の人は、青年期などに人生に悩んで改めて回心して神の道に向かう。

仏教でも、悩み多い青年や、人生に挫折した人が、四国巡礼を行なったり坐禅に真剣に取り組むようになったりする。宮沢賢治は家の宗派に反発して日蓮宗に改宗した。

毎週行なう聖餐式やミサのようなものは、仏教の在家信者にはふつうない。昔の日本人は何かというとお寺を参詣したものだが、今日ではお寺には法事のとき以外ほとんどご縁がないのがふつうだ。仏壇のある家で、ときどきチーンと鳴らして仏様を拝むのが一種のミサのようなものかもしれない。キリスト教では日曜の礼拝、イスラム教では金曜礼拝というふうに、礼拝のスケジュールがかっちり決まっているのは、社会全体における宗教的信条の保持に有利であることは間違いない。

日本でキリスト教のように日常的に行事を行なっているのは、新宗教教団である。「新宗教」とは言うものの、多くは仏教や神道に民間信仰が織り交ざった教えを奉じているものであり、西洋における教会の活動に近い。欧米先進国でも、主流派の教会は信者の教会出席率がどんどん落ちており、代わりにカリスマ牧師などが極端な説教を行なったりする教団のほうが民衆からの人気を保持している。その種の教会は日本の新宗教にノリが似ていて、病気治しなどもしたりする。

簡潔にして要を得たムスリムの生活

紀元前からある仏教、一世紀に始まったキリスト教と比べて、七世紀というかなり新しい時代に登場したイスラム教は、後発な分だけ教えが明確かつコンパクトにまとまっている。
アラビア語で「イスラーム」は神に帰依すること、「ムスリム」は神への帰依者を意味する。そのムスリムすなわちイスラム教徒の生活は、基本的に五行を基本とする。五行は信仰告白、サラート（礼拝）、ザカート（喜捨）、断食、ハッジ（巡礼）の五つである。

信仰告白とは、「アッラー以外に神はなし」「ムハンマドはアッラーの使徒である」の二つの信条に関して誓うことだ。二人の男性ムスリムの前でこれをアラビア語で唱えれば入信したことになる。キリスト教の洗礼、仏教の三帰依に相当する。

サラートは一日五回メッカの方角に向かって行なう礼拝である。クリスチャンの祈り、とくに日曜ごとの聖餐式にあたるが、頻度が高いし、形式的にピシッと決まっている。日本仏教の在家信者がこれほどの頻度で読経することは稀だろう。

ザカートは宗教的な献金・税金のようなもので、貧者などに分配される。キリスト教徒が教会で行なう献金や、仏教徒の布施に相当する。イスラム教のいいところは、寄付の目的を社会還元として明確に定めているところだろう。

五行の断食はイスラム暦のラマダーン月に行なう一か月の断食である。断食とはいえ日没後は食べる。断食のみならず、性的な禁欲も行なう。イスラム暦は純粋な太陰暦（一年は三五四ないし三五五日）だから毎年どんどんずれていくので、断食が夏になることも冬になることもある。キリスト教でも仏教でも一般信者がこれほど明確に禁欲を実践することは滅多にない。

ハッジと呼ばれるメッカへの巡礼は、体力と財力がある者が行なう。キリスト教にもエルサレム詣でやスペイン北西部のサンチャゴに向かう巡礼などがあり、日本の仏教だと四国八十八か所をめぐったり各地の観音の聖地を詣でたりということがある。

なお、五行は身体的行為の実践だが、神、天使、預言者、啓典、来世、定命の六つの項目を信じる六信もイスラム信仰の柱となっている。

説明を加えれば、神は天地創造の唯一の神のこと。アラビア語でアッラー。イスラム教では天使の存在も信じる。預言者はムハンマドのみならず、ユダヤ教の偉人であるモーセやダビデ、キリスト教の立役者であるイエスなども含まれる。啓典とは神が啓示した書ということだが、コーランのみならずユダヤ教の律法やキリスト教の福音書を含む。定命とは一切をご存じの神の予定のことである。

このように並べると、やることも信じることもけっこう多いように思われるが、内容が具体的に定まっていて、時代や教団や信者個人ごとのブレが少ない。イスラム教の趣旨としては何事も無理に行なう必要はないが、ああだこうだ理屈を言わずにクールにさらっと行なうべきである。ややこしい神学的議論や精神の分析などよりも、日々の実践こそが大事なのである。このあたりの感覚は不言実行を良しとする日本人の感覚に沿うかもしれない。

なお、現実のイスラム教徒の生活を覆ってきたものとしてイスラム法（シャリーア）というものがある。これは生活全般にわたる戒律のようなものだ。それはコーランやハディースを出発点として論理的に組み上げたシステムであり、五行のところで述べた礼拝の仕方のような儀礼的なものから、結婚や離婚や遺産相続など家庭生活上のもの、商法にあたるもの、刑法にあたるもの、さらには国際法にあたるものまで、人生の万般に及ぶ。

基本的には宗教の戒律であるから、信者が自主的に――ウラマーと呼ばれる学者の意見を聞いて――守るという形をとっており、近代法とは異なる。学者は信者の質問に答えて、学説として意見を述べるのである。

やっていいことと悪いことの判断は、義務、推奨、許容、忌避、禁止の五段階評価でなされる。たとえば契約の履行は義務であり、貧者への施しは推奨され、盗みや姦通や飲酒や利子は禁止である（酒以外に渇きを癒すものがないときは許容扱いである）。

現代のイスラム諸国では国内法は西洋式の法律が運用されているが、信者の日常生活の規定としてはイスラム法が生き続けている。今日のイスラム主義者はイスラム法を国内法化しようとしているが、西洋型の国家システムとのギャップが問題となっている。

仏教には出家者の戒律はあるが、在家者の生活を制度的に規制することはない。キリスト教も、イスラム法ほどの大々的なシステムはもっていない。こうした違いは宗教の性格上の違いからくるものである。仏教は心のカウンセリングに近く、キリスト教は神の神秘を求める宗教であり、イスラム教は日々の社会生活上の問題の交通整理である。

仏教徒がイスラム教から学べるのは、社会生活の重要性と、日々の暮らしにメリハリをつけることの重要性かもしれない。宗教は哲学ではない。社会の中での日々の実践がものを言うのである。

比較④死と裁き
死後の永生の思想

一九九七年から二〇〇七年にかけて七巻シリーズで刊行された『ハリー・ポッター』は世界的大ヒットを飛ばしたが、初めの頃は、子供たちに魔法などを教え込む邪教の手先であるとして、アメリカでは保守的な教会の焚書《ふんしょ》にも遭った。各地で学校図書館に置いてはならぬという訴訟が繰り返された。しかし、シリーズの後半あたりから評価は変わり、むしろキリスト教的に見てたいへんよろしい物語だと評されるまでになった。

というのは、この物語は魔法に主眼があるのではなく、差別問題など社会の不正の問題を詳しく描いたものであり、差別による怨恨の構造がもたらす大勢の良心的犠牲者たちの報いに焦点を絞り、最後の巻ではついに聖書の引用まで行なっていたからである。無念の死を遂げた主人公ハリーの両親の墓碑銘は新約聖書からの引用で、世の終末における人々の復活を意味するものであった。作者J・K・ローリングは何も子供たちにキリスト教の来世信仰を教え込もうとしたのではなく、人生の問題をつきつめて考えると、死とは何か、死後はあるのかという問題を考えないわけにはいかなくなることを示したのだ。

生前の社会には不正義がある。

不正義の中で人々は死んでいく。

その報いは、死後の永生ではないのか？

このような思考の流れは、一神教としては正統的なものだ。一神教は神の観点から社会正義を求める宗教であることを、194ページに書いた。不正義を強く意識する宗教は、死後の報いを求める宗教でもある。キリスト教では、死者は霊的に復活するとされる。その見本となっているのが、開祖イエスの十字架死後の復活だ。復活はキリスト教の重要な教えである。

ところで、『ハリー・ポッター』の基本構成に大きな影響を与えていると思われるドストエフスキーの『カラマーゾフの兄弟』では、物語の最後で、主人公アリョーシャが、ひとりの死んだ少年のことを思い出として決して忘れないようにしようと、子供たちを前に演説している（→130ページ）。

『カラマーゾフの兄弟』もまた正統的でキリスト教的な小説だ。キリスト教の神はもちろん死んだ少年の人生を覚えている。だが、残された者たちが死者を思い出として忘れないこともまた、大事な供養となるのだ。同様に、ハリーもまた、死んだ両親が自分の胸の中に生きていることを教えられる。

死者はどうなるのかという話と、遺族の悼みや思い出という話は連動している。そしてこれは、仏教における追善供養などにも通じる話である。いずれの宗教にとっても、死者を思い、悼み、祈念することはとても大事なことなのである。

三つの宗教の公式の教義

仏教の公式的見解では、輪廻転生、とくに六道輪廻が世界観の前提となっていることはすでに86ページで詳しく書いた。一神教には原則として輪廻の思想はない（宗派や時代によっては全然ないわけではない）。

一神教の死後の生の建前は次のようになっている。キリスト教では、死者は神から個人的に裁かれ、天国か地獄に行く。ただし、伝統的には死者はひとまず煉獄《れんごく》に向かい、そこで魂を浄化するとされる。いきなり天国に行けるような百パーセントの善人も、いきなり地獄に堕ちるような百パーセントの悪人もいないだろうからである。煉獄で浄化されることで、たいていの人は天国に行くのである。プロテスタントでは煉獄の教理は採用していない。

この煉獄は、仏教でいう輪廻に近い。輪廻とは延々と続く修行の期間のことだからだ。そして最終的に天国に行くというのは、仏教的に言えば成仏するということである。

キリスト教がややこしいのは、こうした個人的な裁きの他に、世界全体の裁きというものもあることだ。世界はやがて終わりを迎え、キリストの前に全人類が裁かれる。個人的な裁きと世界的な裁きの関係がどうなっているかは必ずしも判然としない。

イスラム教の死後のビジョンはシンプルである。死者はずっと死んだままである。そして世の終末において、みなが裁かれ、楽園か火獄のどちらかに向かうのである。

いずれにせよ、死後のビジョンは、倫理的な裁きのビジョンと結びついている。仏教でも善行を果たせば善き生に、悪行を為せば悪しき生に向かうのである（それを裁くのはブッダではなく、業の法則もしくは閻魔《えんま》様である）。

結局、死後のビジョンの要点は、①悪ではなく善を目指す人生であるべきだ、②人生は不平等であるが死後に報いがくる、③究極の真実が明らかになるのは死後のことである、といったあたりに集約される。

①については死後の審判のイメージが、②については死後の永生の希望が出現する。③については（仏教的に言えば）究極の悟りすなわち涅槃《ねはん》、（一神教的に言えば）神との出会いが宗

教の提示する答えなのである。

人間は死に向かう存在である

三つの宗教は本来いずれも、人間はどんなに栄えてもやがて死を迎えるということを、信者たるものの認識の基本としている。若いうちは人生で成功することを目指す。それは当然だ。だが、人生は不運と不平等に満ちているから、みながみな明るい人生を送れるわけではない。そしていくら明るい人生を歩んでいたとしても、やがては滅びる。神に召される。

三つの宗教はこの点でまったく現実主義的である。不老不死など願ったりしないし、個人の自己実現を人生の目標とすることもない。三つの宗教は自己啓発セミナーではない。三つの宗教が死後の教義をもっているのは、人生百年の中の自己実現を究極目標としていないからである。人生にはピークはない。日々正しく生きていれば、人生は平坦でいい。

三つの宗教が描くピーク、涅槃、天国、楽園がいずれも「死後のビジョン」となっているのはそういうわけであろう。

三つの宗教の特徴的な言葉

最後に三つの宗教から、特徴的な言葉を引用して、筆を擱《お》くことにしたい。

まずは仏教。仏教は人生の悪循環を断てと促す（法句経三～五　中村元訳『ブッダの真理のことば　感興のことば』）。

「かれは、われを罵った。かれは、われを害した。かれは、われにうち勝った。かれは、われから強奪した。」という思いをいだく人には、怨みはついに息《や》むことがない。
「かれは、われを罵った。かれは、われを害した。かれは、われにうち勝った。かれは、われから強奪した。」という思いをいだかない人には、ついに怨みが息む。
実にこの世においては、怨みに報いるに怨みを以てしたならば、ついに怨みの息むことがない。怨みをすててこそ息む。これは永遠の真理である。

次はキリスト教。イエスは思い煩うなと説く（マタイによる福音書六26－31）。

空の鳥をよく見なさい。種も蒔かず、刈り入れもせず、倉に納めもしない。だが、あなた方の天の父は鳥を養ってくださる。あなたがたは、鳥より価値あるものではないか。あなたがたのうちだれか、思い悩んだからといって、寿命をわずかでも延ばすことができようか。〔…略…〕だから『何を食べようか』『何を飲もうか』『何を着ようか』と言って、思い悩むな。〈…略…〉何よりもまず、神の国と神の義を求めなさい。

最後はイスラム教。アッラーの教えの要点は、自己を律し人に尽くすことである（日本ムスリム協会訳『聖クルアーン』二 177）。

〈…略…〉正しく仕えるとは、アッラーと最後の（審判の）日、天使たち、諸啓典と預言者たちを信じ、かれを愛するためにその財産を、近親、孤児、貧者、旅路にある者や物乞いや奴隷の解放のために費やし、礼拝の務めを守り、定めの喜捨を行い、約束した時はその約束を果たし、また困苦と逆境と非常時に際しては、よく耐え忍ぶ者。これらこそ真実な者であり、またこれらこそ主を畏れる者である。

死の問題は、こうした生の追求の問題の中に畳み込まれている。このような生を歩む者は死の心配に煩わされないし、このような生の中で報われずに死んでいく者にも来世が待っているというのである。

付論 『銀河鉄道の夜』の中の仏教

宮沢賢治　年譜

1896（明治29）	岩手県の現在の花巻市に生まれる。生家は質屋で、裕福であった。
1918（大正7）	盛岡高等農林学校卒業。研究生となり土壌や肥料を研究する。
1920（大正9）	日蓮系の宗教団体国柱会に入会。童話「貝の火」。
1921（大正10）	上京し布教に励む。故郷に帰り農学校（後の花巻農学校）の教諭となる。
1922（大正11）	妹トシ、結核により亡くなる。詩「永訣の朝」。
1924（大正13）	詩集『春と修羅』、童話集『注文の多い料理店』を自費出版。農学校生徒を引率して北海道修学旅行。
1926（昭和元）	退職し、自宅離れで農学を講義（「羅須地人協会」）、無料肥料設計を開始。
1928（昭和3）	農業指導で奔走し、肋膜炎にかかって自宅療養を始める。
1931（昭和6）	病状安定。東北砕石工場の技師となる。上京中に倒れる。「雨ニモマケズ」。
1933（昭和8）	急性肺炎。9月21日、喀血して永眠。大量の童話・詩作品が遺される。

自覚的な仏教徒としての賢治

宮沢賢治は非常に人気がある。東日本大震災のときには、賢治の「雨ニモマケズ」を思い出し、励みとした人も多い。

賢治は自覚的な仏教徒だ。仏教をよく勉強したし、雨にも負けず風にも負けず人々に尽くそうということで菩薩道を自分なりに実践した。農学校で教鞭をとるときも、肥料設計を通じて農業指導するときも、彼はそれを仏教的実践と心得ていた。

父は浄土真宗の熱心な信徒であったが、賢治は日蓮宗に改宗した。このあたり、青年にありがちな父親への反抗の表れのようにも見えるが、思想的な根拠をもつ反逆でもあった。

質屋を経営している賢治の家は相当に裕福であった。それは賢治のような鋭敏な魂にジレンマをもたらす。というのは、当時の日本の農民、とくに東北地方の農民は貧困にあえいでいたからだ。賢治のような知識人青年は、西洋の社会主義思想やキリスト教的理想主義に触れることができた。賢治が仏教に傾倒したのは父の影響だが、結局彼は、個人主義的で経済問題などにもドライなところのある父の宗派よりも、社会運動に熱心な日蓮宗のほうに真理を認めた。

賢治が児童文学を書きはじめたのは、彼が会員となった国柱会という法華信仰の宗教団体のメンバーから「法華文学を書いては」と言われたのがきっかけであったと言われる。たしかに、最初の頃に書いていた寓話などは、露骨に説教くさいところがある。しかし、彼の文学的感性は宗教の教理に制約されなかった。じきに彼はシャーマンのように自由に魂を羽ばたかせ、作品の中でさまざまなタイプの宗教性を発揮するようになる。

『ひかりの素足』には仏のような救済者が、『水仙月の四日』には雪の精霊が出てくる。『虔十公園林』のデクノボー的主人公は、どこか聖者めいている。『なめとこ山の熊』は、搾取的な生の不条理を見据えているという点で宗教的であるし、『ポラーノの広場』の平等意識、『グスコーブドリの伝記』の自己犠牲も、倫理的な意味で宗教性を感じさせる。また、『風の又三郎』の、転校生と風の神とが交錯する子供の視点も、いかにも「精神世界」系である。さらに、詩集『春と修羅』には、結核で亡くなった妹トシを思って慟哭する宗教的な長編詩がたくさん収められている。

『銀河鉄道の夜』の四種の原稿

さて、この付論では『銀河鉄道の夜』の思想の仏教的性格、とくに日蓮宗ないし法華信仰的性格について、少し詳しく説明したい。キリスト教的なモチーフに満ちたこの童話が、むしろ思想内容から見ると作者の法華信仰に忠実なのだということを理解していただくには、第一章の説明だけでは足りないからである。

まずは物語のあらすじを確認したいが、その前に、この作品の本文が最低でも二種類あるということについて説明しておかなければならない。

賢治は（トシに続いて）結核で亡くなったが、そのとき遺されていた未完の大量の原稿が、死後に出版された。『銀河鉄道の夜』の原稿もごちゃごちゃの状態であり、一九七〇年代初期まで、その正しい復元の仕方も分かっていなかった。賢治研究者で詩人の入沢康夫と天沢退二郎が共同で遺稿を精査し、賢治が幾度も書き直していった過程を明らかにし、『銀河鉄道の夜』は三種の初期形（一次稿〜三次稿）と最終形（四次稿）の四種として改めて世に紹介された。そのうち三次稿と四次稿が概ね完全な形で読むことができる。

三次稿にはブルカニロ博士と「セロのやうな声」の持ち主という魅力的な人物が登場し、思想的な発言をたくさんしている。四次稿においては博士も「セロ」氏もカットされたが、そうして出来上がった原稿が作者の納得する最終の作品形態と言えるのかどうか不確かである。内容的に曖昧な部分が多いので、賢治が生きていたらさらに赤字を入れた可能性があるのだ。

というわけで、『銀河鉄道の夜』のことを考えるには、最終形とされる四次稿ばかりでなく、三次稿も同等の比重をもって読む必要がある。アニメの『銀河鉄道の夜』に原画を提供したますむらひろしの漫画作品にも、最終形と初期形（三次稿）に基づいた二種類のバージョンがあり、三次稿バージョンのほうが充実しているほどだ。

四次稿のあらすじ

引用はちくま文庫『宮沢賢治全集7』による。

【①導入部】ジョバンニは、貧乏暮らしの少年である（小学校の高学年くらいだろうか）。彼の母親は病気で寝込んでいる。父親は長期の漁に出ているらしい（三次稿には、密漁船での事件か事故によって収監されたらしきことが書かれている）。

ジョバンニは放課後に活版所で働いて、家計を助けている。健気に生きる彼の精神的な支えとなっているのが、親友カムパネルラを慕う気持ちであった。カムパネルラは他の学友と違ってジョバンニをいじめたりしない、公正な人間だ。良いとこのお坊ちゃんであり、また優等生である。

ケンタウル祭という夏の祭りの晩、学友たちに疎外されて孤独なジョバンニは、町中を離れ、丘の上に寝転んで夜空を見上げる。

【②銀河鉄道のビジョン】気付くと彼は、夜空を走る銀河鉄道列車の中にいる。そこにカムパネルラが出現する。あとから分かることだが、カムパネルラは溺れそうな友人を救って、自らは川底に沈んでしまったのである（つまり銀河鉄道には死者をあの世に送り出す働きがあるのだ）。カムパネルラは姿を現してすぐに、ジョバンニに向かって、先立つ不孝を母親は許してくれるだろうか、と言う。そして、善いことをしたのだからきっと許してくれる、とひとりで納得する。

「〔略〕誰だって、ほんたうにいいことをしたら、いちばん幸なんだねえ。だから、おっかさんは、ぼくをゆるして下さると思ふ。」

ジョバンニは奇妙な感じを受けるが、深くは追及しない。二人は親友どうし、仲良く汽車旅を続ける。銀河に沿って夜空を走っていく汽車のビジョンは、昼間の理科の授業で銀河について学んだり、町の時計屋で神秘的な美しさをもつ星座盤を見たり、寝転がったときに夜汽車の音を聞いたりしたことが、すべてシュールに結びあわされて、夢の中に現れたもののようである。途中下車して、化石を掘り出している学士の話を聞いたりもする。

汽車には鳥捕り、燈台看守、海難で死んだ姉弟と青年家庭教師の一行――彼らはクリスチャンだ――など、さまざまな人が乗り込み、また立ち去る。人々との出会い、楽しい語らい、そして別れ、祭りのあとのような寂しさが、交錯する。

カムパネルラと女の子が楽しげに語らうのを嫉妬まじりで眺めているジョバンニは、自分の心の狭さを恥ずかしく思う。彼の思いは次第に宗教的な意識へと昇華される。高揚したジョバンニは、カムパネルラに向かって、「みんなのほんたうのさいはひ」を探しに「どこまでもどこまでも一緒に行かう」と言う。この幸福追求のモチーフは、先ほど引用したカムパネルラの言葉の変奏である。

だが、カムパネルラは忽然《こつぜん》と姿を消す。彼は自分が来世だと思うところで、死者として逝ってしまったのだ。親友を失ったジョバンニは大声で泣く。

【③終結部】涙の中でジョバンニは目覚める。夢を見たのだった。彼は丘を下りて町に向かう。町では騒ぎが起きている。カムパネルラが川で溺れかけた友を助けて、そのまま行方不明になったのであった。

カムパネルラの父である博士は息子の死を宣言する。ジョバンニは博士に、今自分はカムパネルラと一緒にいたと言おうとするが、声が詰まって何も言えない。

博士は彼に、彼のお父さんが戻ってくるという知らせを告げる。ジョバンニは胸が一杯になって、母の待つ家に急ぐのであった。

以上が四次稿のあらすじである。非日常的な②銀河鉄道のビジョンを、①導入部と③終結部で描くジョバンニの日常世界がサンドイッチ状にはさんでいる。

銀河鉄道のビジョンは、主人公の孤独を象徴するものであると同時に、死者が夢枕に立つためのロマンティックな舞台でもある。このビジョンを体験することで主人公に起こった変化は、

四次稿の構造

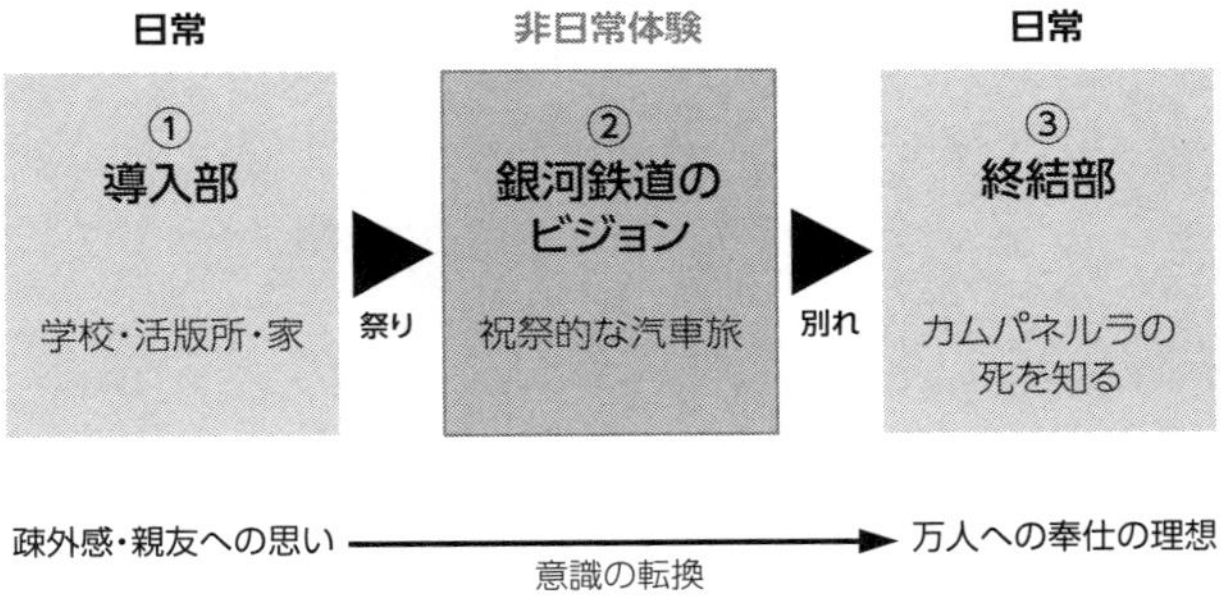

親友を慕う思いから万人に奉仕する思いへのプラトニックな愛情の昇華であり、また、愚痴っぽい疎外感から前向きの宗教的使命感への意識の転換である、というふうに要約できるだろう（上図参照）。

構造的に明快である。『銀河鉄道の夜』には意味不明の箇所も多いのだが、それにもかかわらずこれが絶大な人気を保っているのは、銀河の汽車旅のビジョンの鮮烈な美しさ（夜汽車の旅を知る者はここに郷愁も感じるだろう）と、小さな愛から大きな愛への昇華、哀しみから情熱への転換という図式の骨太な明快さによるものだろう。

三次稿のあらすじ

②の銀河鉄道のビジョンの部分については、四次稿との違いはわずかである。叙情的なこの部分については構想が安定している。

大きく異なるのは①導入部と③終結部である。主な違い

は、三次稿では、

・①の導入部が短い。学校、活版所、家のシーンが無く、祭りの町の中でジョバンニが愚痴っぽく独り言を述べるという形で、彼の哀しい日常が示されている。

・②の銀河鉄道のビジョンには、ブルカニロ博士という科学者・教育者からのテレパシーが作用している設定になっている。ビジョン自体はジョバンニの脳がつくり出したものだが、博士による干渉や修正もあったということらしい。ジョバンニは丘の上でビジョンを見る前に博士と出会っているはずなのだが、残念ながらそのあたりを描いた原稿（数枚分）は失われている。

・ビジョンの最後、汽車の中でのカムパネルラとの別れのシーンのあとに、「セロのやうな声」の持ち主がジョバンニにかなり長い教えを垂れている。これにより賢治が訴えたかった思想の内容がかなり分かる。この人物はブルカニロ博士のテレパシーが呼び出した、あるいは博士自身の分身として夢に登場した存在であるようだ。

・③の終結部が短い。ビジョンから覚めたジョバンニはブルカニロ博士に元気づけられている。四次稿にあるカムパネルラの死を知るシーンはない（四次稿で「博士」と呼ばれているカムパネルラの父は登場しない）。

このように、三次稿の『銀河鉄道の夜』はかなりSFめいている。エヌ博士やエス博士が奇妙な実験を行なう星新一のショートショートのノリに近いと言えるかもしれない。

これはまた、非常に宣教っぽい物語である。宣教SFとでも呼ぼうか。四次稿のジョバンニは自分が夢見た銀河鉄道のビジョンそのもののパワーによって意識を覚醒させていくが、三次稿では、教育者あるいは宗教の布教家のような人物によって「ハッパ」をかけられる構造となっている。

覚醒の物語

三次稿は宣教っぽく、四次稿はいっそう文学的・叙情的という違いはあるが、物語の本質は両バージョンとも同じである。生活の中で屈託している主人公が非日常体験を通じて意識を転換する物語だ。

意識の転換というのは精神的《スピリチュアル》＝霊的な出来事であるから、そういう意味でこの物語は宗教的だと言うことができる。

そしてその限りでは、この物語は仏教にもキリスト教にも他の何教にも引き付けて解釈できる性格をもっている。というのは、意識の転換――回心――というのは、何教であっても似たり寄ったりだからだ。

私の知人は、「みんなのほんたうのさいはひ」を探しに「どこまでもどこまでも一緒に行かう」と熱っぽく語るジョバンニのノリが、福音伝道に熱心な教会の雰囲気を思わせると言って、銀河鉄道＝キリスト教説を推奨した。だが、そういった雰囲気は創価学会など仏教系の教団にもある。賢治の知っている仏教（戦前の国柱会の仏教）は、今日の我々が仏教というとすぐに連想する「諸行無常の響きあり」的な湿っぽい宗教ではない。むしろ創価学会や福音派の教会の雰囲気に近いのである。

意識の変容に関しては、一九七〇年代、八〇年代から流行り出した「精神世界」（英米の言い方では「ニューエイジ」）系の宗教や文学も参考になるかもしれない。

たとえば、「精神世界」的なトーンの強いよしもとばななの『アルゼンチンババア』を見てみよう。これは一連の非日常体験を通じて意識が何か普遍的な価値の世界に目覚めていく物語だ。

主人公の女の子は母親が死んだことによる打撃を、一連のアルゼンチンババア体験を通じて乗り越えている。アルゼンチンババアと子供たちに呼ばれている変わり者のユリの存在は、非日常的である。そのユリのところに主人公の父親が通うようになったのも非日常的であり、その父親が近頃曼荼羅《まんだら》なんぞを組み立てはじめ、先祖代々の墓にすべくイルカの彫像を彫りはじめたのも非日常的である。そして五〇歳を過ぎたユリが主人公の父親の子を産んだのも非日常的だ。

『アルゼンチンババア』の世界は、とくに仏教的でもキリスト教的でもない。曼荼羅が出てくるので仏教的と言えるが、ユリは自分の母親が敬虔なクリスチャンだったと言っており、この不思議な人物にはキリスト教的隣人愛の雰囲気がある。またイルカがカミサマのようになっているのは、エコロジー運動などにも連なるニューエイジや「精神世界」系の宗教世界を思わせもする。

非日常体験による意識の転換のドラマは、特定の宗教の専売特許ではない。そう考えると、『銀河鉄道の夜』の宗教性は、「精神世界」と同様、多様な宗教的な解釈に開かれていると言える。

登場人物はクリスチャン

他方、この童話は、宗教一般よりもずっとキリスト教的に解釈できる側面もある。同様に、ずっと仏教的に解釈できる側面もあるのだが、こちらについてはあとで説明する。

まずはキリスト教的な側面から。

『銀河鉄道の夜』は見かけがかなりキリスト教的である。女の子、その弟、青年家庭教師の一行は明らかにクリスチャンだ。彼らに限らず、登場人物たちは基本的にクリスチャンなのかもしれない。白鳥座は巨大な白い十字架として描かれているが、列車がこの前を通るとき、車中の人々はみな「ハレルヤ、ハレルヤ」と言って祈る。バイブルをもっている人もいる。ジョバンニとカムパネルラも思わず立ち上がる。

銀河にはもう一つ十字架があって、それがサウザンクロス（南十字座）だ。実はここはキリスト教の「天上」であるらしく、三人連れはここで下車して、キリストと思しき白く輝く存在に迎えられている。三人は海難事故で死んだのだ。タイタニック号に似た客船が沈没した。彼らは他の子供たちを生かすために自分たちは救難ボートに乗らず、死んでしまったのである。

家庭教師の語る言葉ははっきりとキリスト教的だ。

「〔略〕いちばんのさいはひに至るためにいろいろのかなしみもみんなおぼしめしです。」

「ほんたうの神さまはもちろんたった一人です。」

「わたくしはあなた方がいまにそのほんたうの神さまの前にわたくしたちとお会ひになることを祈ります。」

　この「いちばんのさいはひ」という言葉を、彼の前にカムパネルラが発しており、彼のあとにはジョバンニも発している。ジョバンニの覚醒は、半ばはキリスト教の感化によるものであるということになるだろう。

　賢治がキリスト教に共鳴し、作家の想像力をもってクリスチャンになりかわりつつ、こうした件《くだり》を書いたことは間違いない。その限りで、『銀河鉄道の夜』はキリスト教的なメッセージを告げていると言っていいだろうと思う。多くの読者はこのような読み方に違和感を覚えないどころか、大いに賛成することだろう。

　ただし、気をつけなければならないことがある。

　それは、ここで賢治が描いているキリスト教のメッセージというのは「善行を果たして神のみもとへ行こう」という点にほぼ尽きるということである。そしてこのメッセージは、実は多くの宗教に転換可能なメッセージだということだ。この「神」を「アッラー」に置き換えても「仏様」に置き換えても基本的に成立してしまう。

　先ほどの回心パターンのときと同様に、『銀河鉄道の夜』の宗教的メッセージは、ここでもまた、宗教一般のメッセージ――善のススメと来世の救い――に還元できてしまうのである。

　賢治の世界はイーハトーヴォ（岩手《イハテ》のエスペラントふう表記）ということに決まっているが、

登場人物の名前はエスペラントふうであったり（たとえば『ポラーノの広場』のレオーノやファゼーロ）、その他の独自の言語のものであったり（たとえば『グスコーブドリの伝記』のグスコーブドリ）いろいろである。そして『銀河鉄道の夜』では、『クオーレ』のようなイタリア少年小説の影響を受けてであろうか、主人公の名前はイタリア名となっている（ジョバンニは英語のジョンにあたるイタリア名、カムパネルラはルネサンスのイタリアの哲人の姓）。

他方、海難で死んだ姉弟は日本名をもっている（かほる、ただし）。そしてこの海難の場所を、ジョバンニは「パシフィック（太平洋）」と推定している。

つまり、『銀河鉄道の夜』の世界はどうやらイタリアと日本と太平洋のある世界、つまり我々の現実の地球であるらしいのだ。

賢治はなぜそのように設定したのだろうか。

たとえば次のように推定することはできるだろう。仮に主人公の住んでいる世界をイーハトーヴォと呼ばれるような非日常の空間にすると、そこからさらに死者の乗り込む銀河の列車に行くのは非日常のダブリになる。銀河鉄道のファンタジックなロマンが希釈されてしまう。それを避けるために、敢えて通常のヨーロッパと日本の固有名詞を持ち出してきた――。これはあり得そうなことだ。

賢治は基本的に、我々の暮らす現実の地球として、物語世界をセッティングした。

その上で、主人公を西洋人ということにした。そしてこの西洋という基本モード設定に応じて、現実世界の宗教であるキリスト教を、主人公たちの信仰に指定した。

果たして本当にそういった思考の順序でキリスト教が選ばれたのかどうかは知らないが、文化に関する文学的設定として登場人物たちにキリスト教を信仰させるということは、小説や童話の世界ではよくあることである。

（それからもう一つ、賢治は天の川に白鳥座と南十字座の二つの十字架があるのをおもしろく思って、物語の道具立てをキリスト教モードにしたというのも大いに考えられる。いずれにせよキリスト教に対する興味は、思想的なものというよりも、大道具としての興味ということになる）

以上のように考えるとき、「キリスト教の仕立てで物語を描いているから、作者はキリスト教的なメッセージを発しているのだ」というのは、やや短絡的ということになる。賢治自身が強固なる仏教信者であることは間違いないので、むしろ、仏教という真理の視点から見た、キリスト教という文化の中にある登場人物たちの世界を描いた、という可能性も考えてみなければならない。

それは必ずしもキリスト教を排除するものではない。仏教には相対主義的なところがあるので、賢治の頭の中では、仏教はキリスト教を基本的に排除しないと考えられていただろうと思う。

だが、もし物語の世界観の基底にあるのが仏教のパラダイムだとすると、読者はそれをどのようにして読み取ることができるのだろうか。

賢治にとっての仏教

賢治にとっての仏教の要点はどこにあったのだろうか。彼は熱心な法華経の信者であったが、これには概ね次の三つのポイントがある。

第一は、我々は菩薩《ぼさつ》として人々に奉仕しなければならない。第二章のポイント4や第三章の「一〇 菩薩」にも書いたように、菩薩というのは大乗仏教の理想的求道者のことだ。賢治は菩薩道の実践者として、農民たちのために無料で肥料設計を行なった。『グスコーブドリの伝記』では、主人公が人々のために犠牲を払っている。

第二は、輪廻《りんね》転生を信じる。仏教は基本的に輪廻の世界観を前提としているが、宗派によってこれの強調の度合いは異なる。賢治の父は阿弥陀《あみだ》を信仰しているが、浄土信仰の宗派では輪廻して地上に舞い戻ってくることよりも、阿弥陀の浄土（極楽浄土）で上がりを迎えることを強調する。禅者などでは地獄も極楽も心のシンボルと見ている人も多い。

だが、賢治は輪廻に対してどちらかというとファナティックなまでに強固な信念をもっていた。58ページに書いたように、妹のトシが死んだとき、彼女がどこに行くのかたいへん心配している。また、転生によりすべての生物は兄弟のように結ばれていると考えていたので、賢治は肉食も避けた。

『ビヂテリアン大祭』という作品では輪廻思想を菜食主義の根拠としており、主人公がかなり熱狂的な演説をしている。文学作品ではないが――それに若い頃に書いたものだが――地元の法華堂の建立のための宣伝文では、輪廻信仰こそが倫理の基本であると述べている（丹治昭義『宗教詩人 宮澤賢治』参照）。鎌田東二は「輪廻転生は、宮沢賢治にとってはシリアスな〝おそろしい真理〟だった」と書いている（『宮沢賢治「銀河鉄道の夜」精読』）。これは本当だと思う。

賢治の信仰においては、人々に奉仕する菩薩道の強調と、輪廻の強調とはワンセットをなしている。つまり、輪廻転生とは何度でも地上に戻ってくるということであり、地上を「善い社会」に変えていこうという菩薩道的な信念とするりとつながるのである。逆に阿弥陀の浄土やキリスト教の天国に行って「上がり」となるのは、個人の救いに集中することだと考えられる。賢治は個性的な人間ではあるが個人主義者ではない。社会の強調↓輪廻の信仰というのは不思議な思考回路のように思われるかもしれないが、輪廻を前提にして菩薩道を説いている法華経の思考としては、そういうことになるのだ。

賢治の信仰の三つめのポイントは、この法華経そのもののマジカルな崇拝である。死後に阿弥陀の浄土やキリスト教の天国に行くというのは、非合理的な救いであるが、それに相当する非合理的な救いとして、法華経のパワーがある。法華経に帰依することが、菩薩の道に邁進《まいしん》する信者にとっての霊的な支えとなる。だから「南無妙法蓮華経（私は法華経に帰依します）」というフレーズ（題目）は非常に重要だ。賢治もこれを唱えていたし、これを書いた大曼荼羅本尊と呼ばれる図像も大事にしている。

以上、賢治の信仰の三つのポイントは、菩薩道（人々への奉仕）、輪廻（幾度も地上に戻る）、南無妙法蓮華経というマジカルワードというふうに整理できる。

というわけで、彼の畢生《ひっせい》の大作であり、死による別れという宗教的にシリアスなテーマを扱った『銀河鉄道の夜』には、この三つの要素が反映されていると考えるのが自然だ。そしてこの思考がキリスト教的な「善行を果たして神のみもとに行く」という思考を凌駕《りょうが》しているようならば、この作品はやはり（キリスト教的というよりも）仏教的、とくに法華信仰的ということになるだろう。

『銀河鉄道の夜』の三つの謎

『銀河鉄道の夜』にはいくつか謎めいた箇所があるが、大きな謎として次の三つを挙げようと思う。

第一点　三次稿の「セロ」氏の説く謎めいた思想。
第二点　ジョバンニはなぜクリスチャン一行が「天上」に行くことに反対するのか。
第三点　ジョバンニはなぜ万能フリー切符をもっているのか。

結論から言うと、この三点は、今述べた作者の信仰の菩薩道、輪廻、南無妙法蓮華経の三点からストレートに解読できる。他方、これらをキリスト教思想の反映として読解するのは無理があるだろう。

以下で説明しよう。

第一点　三次稿の「セロ」氏の教え

すでに述べたように、三次稿にはブルカニロ博士と「セロのやうな声」の持ち主というのが登場する。銀河鉄道のビジョンの外部にいるのがブルカニロ博士で、ビジョンの内部に登場するのが「セロ」氏である。

両者は同一であるのかもしれない。あるいは博士は地上の宣教者、「セロ」氏は神様か仏様の霊的な姿であるのかもしれない。いずれにせよ、「セロ」氏の思想は博士の思想でもあるだろうし、それは作者である賢治自身の思想であるだろう。これは物語のおしまいに来る、ジョバンニに決定的な影響を与える説教として描かれているのだから、「セロ」氏のメッセージと作者のメッセージが異なるという可能性は考えなくていい。

汽車の座席からカムパネルラの姿が忽然と消え、ジョバンニが号泣する。するとそこに「セロ」氏が出現し、物事の真相と道理を諄々《じゆんじゆん》と説きはじめる。

「セロ」氏は言う。カムパネルラは遠くに行ってしまった。もう会えない。ジョバンニはこの死別を乗り越えて、人々の幸福を求めて旅を続けるべきである。

おまへがあふどんなひとでもみんな何べんもおまへといっしょに苹果《りんご》をたべたり汽車に乗ったりしたのだ。だからやっぱりおまへは〈略〉あらゆるひとのいちばんの幸福をさがしみんなと一しょに早くそこに行くがいゝ、そこでばかりおまへはほんたうにカムパネルラといつまでもいっしょに行けるのだ。

あらゆる人間と「何べんも」「いっしょに苹果をたべたり汽車に乗ったりした」とはどういうことだろうか。賢治の輪廻信仰に照らせば、これはやはり反復される過去世における万人の出会いを意味しているだろう。実はこの文とよく似た文章を賢治はかつて書いたことがあり、その中では動物までも含めた生命の連帯のテーマ、「苹果」や「汽車」、そして法華経がはっきりと結びつけられている。

けれども私〔＝賢治〕にこの手紙を云ひつけたひとが云ってゐました。「チユンセ〔＝ある少年〕はポーセ〔＝その死んだ妹〕をたづねることはむだだ。なぜならどんなこどもでも、また、はたけではたらいてゐるひとでも、汽車の中で苹果をたべてゐるひとでも、また歌ふ鳥や歌はない鳥、青や黒やのあらゆる魚、あらゆるけものも、あらゆる虫も、みんな、みんな、むかしからのおたがひのきやうだいなのだから。チユンセがもしもポーセをほんたうにかあいさうにおもふなら大きな勇気を出してすべてのいきもののほんたうの幸福をさがさなければいけない。それはナムサダルマプフンダリカサスートラといふものである。〔略〕」

ナムサダルマプフンダリカサスートラは正しくはナマッ・サッ・ダルマ・プンダリーカ・スートラーヤで、漢語で書けば「南無・妙・法・蓮華・経」となる（↓30ページ）。ここで賢治が説いているのは、輪廻におけるあらゆる衆生の生命の連続、そしてあらゆる衆生の幸福を探す菩薩の道、そしてその根拠としての法華経だろう。

だから、「セロ」氏の教えもまた、輪廻と菩薩道（と南無妙法蓮華経）を暗示するものだと理解できるだろう。輪廻世界においては、潜在的にみんなが友だちなのだから、みんなに親切にすべきだし、逆に、カムパネルラのようなひとりの親友に執着してもいけない、ということだ。

ちなみに、「セロ」氏の説教の中の「みんなと一しょに早くそこに行くがいゝ」の解釈であるが、「そこ」は宗教的境地のことだろうか。一つの境地に達した者どうしであれば、ジョバンニもカムパネルラも賢治もトシも「いつまでもいっしょに行ける」。法華経的には「霊鷲《りょうじゅ》山《せん》」がこれにあたるし、キリスト教的には心の中の「神の国」ということになるだろう。

「セロ」氏は説法の後半で、科学・信仰・歴史の本質について語る。その論法は曲折に満ちていて、何を言いたいのかにわかには分からない（十分に推敲された文章ではないのだろう）。四段階に分けて示すと、まず初めに「セロ」氏は、宗教的真理をめぐって人々の論争は終わらないことを説く（「みんながめいめいじぶんの神さまがほんたうの神さまだといふ」が、異端者の行為にも「涙がこぼれるだろう」。「ぼくたちの心がいゝとかわるいとか議論する」が、「勝負がつかないだろう」）。

次に彼は、科学実験のようにきちんと調べれば結論が出るはずだと言う（「実験でちゃんとほんたうの考〔え〕とうその考〔え〕とを分けてしまへばその実験の方法さへきまればもう信仰も化学《(ママ)》と同じやうになる」）。

しかし、結論を出すのは容易ならざる道のようだ。彼はジョバンニに過去の時代に考えられていた地理や歴史を集成した、「歴史の歴史」のような本を見せる。真実と考えられるものは時代ごとに変わってきた。「セロ」氏の霊的実験の中で、ジョバンニは、思念が次々と現れては消えていく様子を観察する。

だが、最終的結論としては、「セロ」氏はジョバンニに、物事の真相に到達するまで真理探究をやめないようにと勧める（「おまへの実験はこのきれぎれの考〔え〕のはじめから終りすべてにわたるやうでなければいけない」「あすこにプレシオスが見える。おまへはあのプレシオスの鎖を解かなければならない」）。

「プレシオス」とは「プレアデス（すばる）」の書き間違いだろうと言われている。すばるの鎖を説くとは、旧約聖書にある「すばるの鎖を引き締め／オリオンの綱を緩めることがお前にできるか」（ヨブ記三八31）のこれまた記憶違いによる引用の可能性が指摘されている。

聖書の言葉の意味は、神ならざる身には、すばるの鎖を引き締めることもオリオンの綱を緩めることもできないのだから、神に挑戦するなどという不遜な試みはするな、ということである。しかし「セロ」氏は鎖を「解かなければならない」と言っているのだから、むしろ神並みの荒業に挑戦せよ、不遜な試みをせよと言っていることになる。

これは仏教の文脈では自然な発想だ。というのは、転生を重ねて修行を積んで、究極的にブッダ（神のような存在）になる、すなわち成仏するのが、仏教としての人間の究極目標だからである。

そうだとすると、「セロ」氏はジョバンニに、輪廻を重ねてあらゆる時代をめぐって、究極的に成仏せよと説いていることになる。同時に彼はこれを科学実験のススメとして描いているのだから、科学者でもあり宗教者でもあった作者賢治の思想がここに表れていると考えられるだろう。

というわけで、「セロ」氏の謎めいた説法は、菩薩道のススメと、輪廻の果ての成仏を説いたものだと考えると整合的に理解できる。聖書の引用らしきものがあるとはいえ、これをキリスト教神学に整合的に読解するのは無理がありそうだ。

第二点　ジョバンニとクリスチャン一行の神学論争

女の子、その弟、家庭教師の青年の三人連れは途中で乗り込んできて、キリスト教の「天上」駅であるサウザンクロス（南十字座）で降りる。ジョバンニは彼らを引き留める。女の子はどうしても降りなければならないと言う。

〈女の子〉「だっておっ母さんも行っていらっしゃるしそれに神さまが仰《お》っしゃるんだわ。」

〈ジョバンニ〉「そんな神さまうその神さまだい。」

「あなたの神さまうその神さまよ。」

「さうぢゃないよ。」

〈青年〉「あなたの神さまってどんな神さまですか。」青年は笑ひながら云ひました。

〈ジョバンニ〉「ぼくほんたうはよく知りません、けれどもそんなんでなしにほんたうのたった一人の神さまです。」

「ほんたうの神さまはもちろんたった一人です。」

「あ、、そんなんでなしにたったひとりのほんたうのほんたうの神さまです。」

「だからさうぢゃありませんか。わたくしはあなた方がいまにそのほんたうの神さまの前にわたくしたちとお会ひになることを祈ります。」〈略〉ジョバンニはあぶなく声をあげて泣き出さうとしました。


なぜここでジョバンニはこんなにも激しく、クリスチャンの「神さま」を拒否しているのだろうか。クリスチャンの一行がまったくの善人として描かれ、サウザンクロス駅には実際に神々しい存在がお迎えに来ているように描かれていることを思うと、賢治がキリスト教を単純に拒絶しているようには思われない。子供っぽくはむかっているだけだから、単にジョバンニは信仰に無知なのだというふうにも読解できる。しかしそれにしては「そんなんでなしにたったひとりのほんたうのほんたうの神さまです」というジョバンニの言い方には信仰的な強さがある。ジョバンニが負けて、青年が勝ったのだというふうに単純に軍配を上げることはできない。

むしろここで注目すべきは、そもそも論争の始まりが「神」をめぐるものではなく、「天上」をめぐるものだったことである（初期形一次稿・二次稿には「天上」をめぐる会話しかない）。ジョバンニは最初から、相手の「神さま」にいちゃもんをつけているのではない。彼が持ちかけているのは、自分たちと「どこまでもどこまでも」いっしょに行こうということだ。天上を人生の上がりとせずに、どこまでも進んでいこう。ジョバンニは女の子に、「ぼくたちこゝで天上よりももっといゝとこをこさへなけぁいけないって僕の先生が云ったよ」と言っている。

ジョバンニのこの主張は、賢治の菩薩道プラス輪廻の信仰に一致する。「こゝで天上よりももっといゝとこをこさへなけぁいけない」というのは、宗教を否定した社会思想のようにも読めるが、むしろ何度も地上に戻って人々のために尽くす菩薩・輪廻思想と捉えるべきだろう。

これに続く「って僕の先生が云ったよ」がまた謎めいている。というのは、遺された原稿では、この「先生」に相当する人物は小学校の先生ということになるが、その人物が日頃そのような教えを説いているようには書かれていないからである。

もっとも、「〜と先生が云った」というのは子供の常套文句でもあり、単にジョバンニが自己の思想として論述できないことを表現しただけなのかもしれない。子供が神学を論理的に説けるはずがない。ただ大人に言われたままに発言するだけだ。

それにこれは夢の中の発言である。思想の本質は確固たるメッセージであったとしても、その語られ方には曖昧さがあってもいいのである。これはまた、もともと銀河鉄道のビジョンがブルカニロ博士の感化のもとで見ている設定になっていたこととも関係がありそうだ。

ともあれ、主人公であるジョバンニの発言を単なる子供のたわごととして無視するわけにはいかない。そしてそれは「セロ」氏や作者の仏教思想とも整合的である。といってクリスチャン一行の立場を単なる迷妄として退けるわけにもいかない。彼らは善行を果たし、天上に行ったのである。だが、それは、「セロ」氏が「歴史の歴史」を持ち出して説明しているような、限定的な、相対的な真理なのかもしれない。ジョバンニとクリスチャンは、神学論争を乗り越えて、いっそうの真理を目指して邁進すべきだということなのかもしれない。

ただし、賢治の思想的パラダイムでは、ジョバンニもクリスチャンも輪廻転生を重ねてその真理を探究することになる。ここがややこしいところなのだが、賢治の輪廻は（キリスト教の神に匹敵するような）オールマイティの思想なのである。

第三点　ジョバンニの切符

ジョバンニは自分でもよく分からないままにクリスチャンと論争しているのであった。これはある意味で重要なモチーフである。つまり、思想と人間の理解とは分離しているのである。ジョバンニがきちんと理解していなくても、思想がそれだけで正しいということもあり得る。

これに対応する重要なモチーフが、ジョバンニの切符である。彼は銀河鉄道沿線どこにでも行ける万能切符をもっている。だが、どこで手に入れたか知らないのである。

物語の中ほどで、車掌が検札に現れる。みなそれぞれに切符を見せる。カムパネルラの切符は小さな鼠色のものであった。ジョバンニがポケットをさぐると、大きな四つ折りの紙が出てくる。おそるおそるそれを車掌にわたすと、車掌は姿勢をただす。検札はオーケーであった。そばにいた鳥捕りの男がこの切符を見て驚嘆する。

「こいつはもう、①ほんたうの天上へさへ行ける切符だ。天上どこぢゃない、②どこでも勝手にあるける通行券です。こいつをお持ちになれぁ、なるほど、こんな不完全な幻想第四次の銀河鉄道なんか、どこまででも行ける筈でさあ」（傍線と番号は筆者）

銀河鉄道の旅を輪廻の道行きと解釈するならば、この鳥捕りの言葉が意味しているのは、この切符をもったジョバンニは、①輪廻の最終目的地（成仏）まで行ける、さらに②輪廻空間内のどこでも（地獄界・餓鬼界・畜生界・阿修羅界・人界・天界のどこでも）勝手に歩けるということになるだろう。

この解釈にとくに信憑性をもたせるのが、鳥捕りの「天上どこぢゃない」という言葉だ。鳥捕りは①天上に行けることよりも②沿線のどこにでも行けることのほうを偉いと考えている。ふつうだったら、逆の言い方になりそうなものである。「どこにでも勝手に行けるし、それどころか、本当の天上にだって行ける」と。

大乗仏教のロジックでは、自分ひとりが天上に行く（つまりブッダになる）ことを目指すことよりも、輪廻世界のあちこちに顔を出して人々を救済し続ける（つまり菩薩のままでいる）ことのほうをいっそうすごいことだと考えている。会長になって悠々自適するよりも、社員と一緒になって現場で苦労を重ねることのほうが偉いのだ。第二章のポイント4で見たように、大乗仏教徒が菩薩を盛んに拝むのはそういう理由からである。

鳥捕りが感嘆するこの切符は、では、いったい作者の仏教信仰における何にあたるだろうか。もうお分かりと思うが、これは賢治の信仰のところで述べた三番目の要素、「南無妙法蓮華経」の題目を書いた大曼荼羅本尊と呼ばれる紙のことだと考えると話が合うのである。ますむらひろしが漫画作品の中で、ジョバンニの切符に「南無妙法蓮華経」と梵字で書き込んでいることは第一章で紹介した。

この「南無妙法蓮華経」があれば、マジカルな回路を通じて、人は真理と結ばれるのだ。カムパネルラもクリスチャン一行も地上ですばらしい善行を果たした者たちである。しかし彼らには「南無妙法蓮華経」がない。彼らは自分たちの神話を信じている。他方、ジョバンニは無知な子供であるし、未だ自己犠牲のような善行は果たしていない。しかし彼は（気付かないうちに）この万能切符をもっている。だから彼は、自分でも知らないままに、菩薩道の真理をクリスチャンの青年に向かって説くことができたのだ。

とまあ、そんなふうに解釈することは、それほど無理なことではないだろう。

逆に、キリスト教信仰や阿弥陀信仰を土台にして、ジョバンニの謎めいた切符の意味を解き明かすのは難しいのではないだろうか。

ところで、なぜジョバンニがこんな立派な切符をもつことができたのか。四次稿を眺めていても答えは出てこない。切符のモチーフだけ宙に浮いているからだ。三次稿以前では、これはブルカニロ博士が銀河鉄道のビジョンの中に注入したものと解釈できる。というのは、夢から覚めたあとで、博士はジョバンニに改めてその切符を手渡しているからだ。

『銀河鉄道の夜』の多層性と宗教の多層性

以上、長々と説明してきたが、お分かりいただけただろうか。要点をもう一度整理すると、

Ⅰこの物語は非日常体験を通じての主人公の覚醒のドラマである。これはどのような宗教に引き付けて読解することも可能である（とくに特定の宗教に結びつけて読解しなくてもいい）。

Ⅱこの物語を構成している材料はキリスト教的である。ただし絶対にキリスト教でなければ理解できないような神学が描かれているわけではない。善行による来世の救いというモチーフそのものは多くの宗教に共通している。

Ⅲこの物語のとくに読解が難しいところ（「セロ」氏の教え、クリスチャン一行との神学論争、ジョバンニの切符）は、菩薩道・輪廻・南無妙法蓮華経を要点とする作者の法華信仰の反映と考えると理解が容易になる。これがこの作品の思想的パラダイムをつくり、その上で作者はⅡのキリスト教的要素を、物語の文化的道具立てとして採用したと考えるのが自然である。

なお、この物語の仏教的解釈は「セロ」氏が登場する三次稿において最も説得的となる。宣教っぽさを抜いて文学性を高めた四次稿では、信仰的には曖昧性が増している。Ⅲが見えにくくなったぶんだけⅡが目立つのである。

賢治の思想からすれば、読者に伝えたいのは、「みんなのために頑張ろう」という菩薩道であろう。自分の生活が苦しいとしても、それは長い輪廻の一ステージだと考えれば、耐えられるようになる。だからジョバンニのように愚痴っぽさを卒業して「みんな」の「さいはひ」のために「どこまでもどこまでも」行こう、というわけだ。

三次稿以前の原稿ではこれをいささかナマな形で描いていた。ブルカニロ博士のテレパシーはSFっぽいし、「セロ」氏の説法は妙に理屈っぽい。これらは銀河鉄道列車の旅の叙情的なロマンにとってちぐはぐなものである。

だから賢治は四次稿においてこれらの要素を省いてしまった。そうすることで、これはジョバンニが自力でポエティックに覚醒する物語となった。ジョバンニの覚醒の内容が万人への奉仕であるという点は変わらない。クリスチャンとの論争とジョバンニの切符のシーンは省かなかったので、これを菩薩道や輪廻とつなげて解釈する道は残されているのだが、見えにくくなったことは確かだ。

いずれにせよ、言えることはこうだ。文学も宗教も多層的なものである。

『銀河鉄道の夜』をSF的に読むことも叙情ファンタジーとして読むことも可能である。そして宗教的に読むことも非宗教的に読むことも可能である。非宗教的というのは、たとえば、ジョバンニの覚醒を、思春期の同性への恋慕から人類愛への昇華、つまり『饗宴』でプラトンが描いてみせたような「プラトニック・ラヴ」として解読することも可能である（もっともプラトン的愛は十分に宗教的なものかもしれないが）。

そして作品の宗教性も作者の宗教性も多層的なものとして理解することができる。キリスト教的なモチーフを書いているからといって、それが仏教的でナイということにはならない。むしろ仏教的世界観に自信があるからこそ、キリスト教的モチーフを平気で持ち込めたということも考えられる。そして信仰というのは、単品のモチーフだけで成り立つものではない。十字架が出てくるからキリスト教的だという判断もできるが、「どこまでもどこまでも」地上で奉仕するという永続的反復性は、構造的には輪廻に整合的である。

そしてこのような多層性の包含というのは、いかにも仏教的なのである。

『銀河鉄道の夜』のもつ法華信仰的性格については、定方晟「『銀河鉄道の夜』と法華経」（東海大学紀要）がネット上で読めるので参照いただきたい。同じくネットにある一時間半の講演動画、正木晃『宮澤賢治はなぜ浄土真宗から法華経信仰へ改宗したのか』も参考になる。

おわりに

筆者は常々、宗教を「信仰」ではなく「文化」や「教養」として人々に知ってもらいたいと考えている。その一環として書いたのが本書である。同様の意図をもって書いたものとしては『教養としての宗教入門』(中公新書)、『教養としてよむ世界の教典』(三省堂)、『図解 世界5大宗教全史』(ディスカヴァー・トゥエンティワン) などがある。興味のある方はあわせてご覧いただきたい。

諸文化の衝突、国際競争の激化、格差の怨念の噴出、自然の崩壊で社会が揺れる中、たびたびニュースの話題となる「宗教」について知りたいと思う人が増えている。また社会変動にも動じない自己の思想的基盤が欲しいと思って「宗教」を主体的に学ぼうかなという人も多い。しかし、宗教のロジックというのは浮世離れしたところがあって、なかなか日常の現実と結びついてくれない。こういうときは、濃厚な信念の世界として宗教を捉えるよりも、文化の枠組みといった視点から少し遠巻きに眺めてみるほうが、よほどストンと胸に落ちるだろう。それで興味をもったら次へ進めばいいし、依然としてピンと来なかったら……もう一回ゆっくりじっくり読んでいただければ幸いである。

最後に、本書執筆にあたってお世話になった幻冬舎の三宅花奈氏に謝意を申し述べたい。氏のアドバイスがなければ本書は生まれなかっただろう。

二〇一六年九月　中村圭志

著者略歴

中村圭志《なかむらけいいし》

一九五八年生まれ。

北海道小樽市出身。

北海道大学文学部卒業、

東京大学大学院人文科学研究科博士課程満期退学(宗教学・宗教史学)。

宗教研究者、翻訳家、昭和女子大学非常勤講師。

著書に『信じない人のための〈宗教〉講義』(みすず書房)、

『信じない人のための〈法華経〉講座』(文春新書)、

『教養としての宗教入門　基礎から学べる信仰と文化』(中公新書)、

『図解　世界5大宗教全史』(ディスカヴァー・トゥエンティワン)などがある。

幻冬舎新書 429

教養としての仏教入門

身近な17キーワードから学ぶ

二〇一六年 九 月三十日 第一刷発行
二〇一七年十一月二十日 第二刷発行

著者 中村圭志
発行人 見城 徹
編集人 志儀保博
発行所 株式会社 幻冬舎
〒一五一-〇〇五一 東京都渋谷区千駄ヶ谷四-九-七
電話 〇三-五四一一-六二一一(編集)
〇三-五四一一-六二二二(営業)
振替 〇〇一二〇-八-七六七六四三
ブックデザイン 鈴木成一デザイン室
印刷・製本所 中央精版印刷株式会社

検印廃止

Printed in Japan ISBN978-4-344-98430-1 C0295
な-23-1

幻冬舎ホームページアドレス http://www.gentosha.co.jp/
*この本に関するご意見・ご感想をメールでお寄せいただく場合は、comment@gentosha.co.jp まで。

幻冬舎新書

アップデートする仏教

藤田一照　山下良道

欧米の仏教が急激に進歩しているのに、なぜ日本の仏教だけが旧態依然としているのか。三十年にわたり世界で仏教の修行を実践し深めてきた二人のカリスマ僧侶が、日本の仏教を1・0から3・0に更新する！

親子のための仏教入門

森政弘

我慢が楽しくなる技術

子供に我慢させるのは何より難しい。大人でも難しい「我慢」だが、仏教が説く「無我」を知れば、生きる楽しさがわかる。ロボット工学者が、宗教家と違う視点で解説した本当に役立つ仏教入門。

十牛図入門

横山紘一

「新しい自分」への道

牧人が牛を追う旅を、10枚の絵で描いた十牛図は、悟りを得るための禅の入門図として、古くから親しまれてきた。あなたの人生観が深まり、生きることがラクになる10枚の絵の解釈とは？

阿頼耶識《あらやしき》の発見

横山紘一

よくわかる唯識《ゆいしき》入門

唯識とは、『西遊記』で有名な玄奘三蔵が伝えた仏教思想の根本で、「人生のすべては、心の中の出来事にすぎない」と説く。心の最深部にあるのが〈阿頼耶識〉。それは「心とは何か」を解明する鍵だ。

幻冬舎新書

丘山万里子
ブッダはなぜ女嫌いになったのか

ブッダの悟りは息子を「邪魔者」と名付け、妻子を捨て去ることから始まった。徹底した女性への警戒心、嫌悪感はどこからきたのか。実母、義母、妻との関わりから見えてくる、知られざる姿。

杉崎泰一郎
沈黙すればするほど人は豊かになる
ラ・グランド・シャルトルーズ修道院の奇跡

机、寝台、祈禱台のほか、ほとんど何もない個室で、一日の大半を祈りに捧げる、孤独と沈黙と清貧の日々——九〇〇年前と変わらぬ厳しい修行生活を続ける伝説の修道院の歴史をたどり、豊かさの意味を問う。

齋藤孝
イライラしない本
ネガティブ感情の整理法

イラつく理由を書き出す、他人に愚痴る、雑事に没頭する、心を鎮める言葉を持っておくなど、ネガティブ感情の元凶を解き明かしながらそのコントロール方法を提示。感情整理のノウハウ満載の一冊。

尾出安久
ブラック葬儀屋

多様化する葬式事情の中、悪徳業者に騙されるケースが頻発する昨今。現役葬祭マンが見聞きしたその手口と、人に聞けないお金やしきたり、手順を解説。心のこもった「現代的お葬式」のありようが見えてくる。

幻冬舎新書

天童荒太
だから人間は滅びない

生き延びるためのヒントを求め、「つながる」ことで社会を変えようとしている人々に話を聞いた。リスクに備えるには、人とのつながりを持ち、保ち、広げること。〈群れ〉のすすめ。

稲垣栄洋
なぜ仏像はハスの花の上に座っているのか
仏教と植物の切っても切れない66の関係

不浄である泥の中から茎を伸ばし、清浄な花を咲かせるハスは、仏教が理想とするあり方。仏教ではさまざまな教義が植物に喩えて説かれる。仏教が理想とした植物の生きる知恵を楽しく解説。

ネルケ無方
なぜ日本人はご先祖様に祈るのか
ドイツ人禅僧が見たフシギな死生観

日本人の死に対する考えは不思議だ。生と死を厳密に分けず、死者への依存度が高い一方で「死は穢れ」という。ドイツ人禅僧が、日本と欧米社会を比較しながら、その死生観と理想の死を考察。

中山祐次郎
幸せな死のために一刻も早くあなたにお伝えしたいこと
若き外科医が見つめた「いのち」の現場三百六十五日

死に直面して混乱し、後悔を残したまま最期を迎える人々。そんな患者さんを数多く看取ってきた若き外科医が、「少しでも満ち足りた気持ちで旅立ってほしい」という想いから、今をどう生きるかを問う。